ESTRESSE
NAS ORGANIZAÇÕES
DE TRABALHO

COMPREENSÃO E
INTERVENÇÃO BASEADAS
EM EVIDÊNCIAS

E82   Estresse nas organizações de trabalho : compreensão e intervenção baseadas em evidências / José Carlos Zanelli (Coordenador) ; Porto Alegre : Artmed, 2010.
        128 p. ; 23 cm.

        ISBN 978-85-363-2101-1

        1. Estresse. 2. Psicologia organizacional. 3. Estresse no trabalho. I. Zanelli, José Carlos.

                                                      CDU 159.944.4

Catalogação na publicação: Renata de Souza Borges CRB-10/1922

JOSÉ CARLOS ZANELLI
e colaboradores

ESTRESSE
NAS ORGANIZAÇÕES
DE TRABALHO

COMPREENSÃO E
INTERVENÇÃO BASEADAS
EM EVIDÊNCIAS

2010

© Artmed Editora S.A., 2010

Capa: *Gustavo Macri*

Preparação do original: *Marcelo Viana Soares*

Leitura final: *Rafael Padilha Ferreira*

Editora sênior – Saúde Mental: *Mônica Ballejo Canto*

Editora responsável por esta obra: *Carla Rosa Araujo*

Editoração eletrônica: *Formato Artes Gráficas*

Reservados todos os direitos de publicação, em língua portuguesa, à
ARTMED® EDITORA S.A.
Av. Jerônimo de Ornelas, 670 - Santana
90040-340 Porto Alegre RS
Fone (51) 3027-7000 Fax (51) 3027-7070

É proibida a duplicação ou reprodução deste volume, no todo ou em parte,
sob quaisquer formas ou por quaisquer meios (eletrônico, mecânico, gravação, foto-
cópia, distribuição na Web e outros), sem permissão expressa da Editora.

SÃO PAULO
Av. Angélica, 1091 - Higienópolis
01227-100 São Paulo SP
Fone (11) 3665-1100 Fax (11) 3667-1333

SAC 0800 703-3444

IMPRESSO NO BRASIL
PRINTED IN BRAZIL
Impresso sob demanda na Meta Brasil a pedido de Grupo A Educação.

Agradecimentos

Aos dirigentes e demais profissionais dos centros, núcleos ou unidades estudadas:
- À Dra. Marilda Emmanuel Novaes Lipp e sua equipe, pelo apoio e disponibilidade incondicionais.
- Ao Dr. Aldo Vera Calzaretta, ao Dr. Arturo Juárez García, à Dra. Maria José Chambel e suas equipes, pelas acolhidas generosas e preciosas informações.
- À Profa. Luisa Angelucci e à Profa. Tahiri Ramos, pelos préstimos na elaboração inicial dos instrumentos de pesquisa.

Aos colegas estrangeiros que facultaram o acesso aos profissionais e unidades pesquisadas:
- Dr. Juan Pablo Toro, da Universidad Diego Portales – Chile.
- Dr. Guillermo Yaber Oltra, da Universidad Católica Andrés Bello – Venezuela.

Aos colegas da Área 1, Linha 1 do Programa de Pós-Graduação em Psicologia da Universidade Federal de Santa Catarina:
- Dr. Narbal Silva, Dra. Suzana da Rosa Tolfo, mestrandos e doutorandos, pelo apoio e manutenção das atividades enquanto estive ausente para realizar este trabalho.

À minha companheira Andréia Costa Tostes, pelo suporte e sugestões, sobretudo na fase de redação final do relatório e deste livro.

À Nadia Burgos, pelo auxílio nos meandros da língua espanhola.

Às seguintes instituições e suas unidades:
- Laboratório de Estudos Psicofisiológicos do Estresse da Pontifícia Universidade Católica de Campinas – Brasil.

- Centro Psicológico de Controle do Estresse (CPCS) – Brasil.
- Unidad de Proyectos - Fundación Científica y Tecnológica de la Asociación Chilena de Seguridad.
- Escuela de Salud Pública de la Universidad de Chile.
- Facultad de Ciencias Humanas y Educación de la Universidad Diego Portales – Chile.
- Núcleo de Psicologia das Organizações da Faculdade de Psicologia e de Ciências da Educação da Universidade de Lisboa – Portugal.
- Unidad de Investigaciones y Servicios Psicológicos de la Facultad de Psicología de la Universidad Autónoma del Estado de Morelos – México.
- Red de Investigadores Sobre Factores Psicosociales A. C. – México
- Dirección General de los Estudios de Postgrado de la Universidad Católica Andrés Bello – Venezuela.

Ao Conselho Nacional de Desenvolvimento Científico e Tecnológico (CNPq), pelo auxílio financeiro que viabilizou os deslocamentos e as estadias dentro e fora do Brasil e supriu outras demandas relativas a este estudo de pós-doutorado (número do processo: 154723/2006-1).

Sumário

Apresentação.. 11

Introdução... 13

1 Trabalho, saúde e construção da qualidade de vida........................ 19

2 Estilo de vida, adoecimento e ambiente de trabalho 31

3 Teorias e procedimentos de intervenção no ambiente de trabalho......... 47

4 Pressupostos: precedendo as teorias/pesquisas e as consequências ... 53

5 Teorias/pesquisas: entre os pressupostos e as consequências 57

6 Consequências: além das teorias/pesquisas e seus pressupostos 71

7 Antecedentes: precedendo as intervenções/procedimentos
e as consequências.. 79

8 Intervenções/procedimentos: entre os antecedentes e as consequências ... 89

9 Consequências: além das intervenções/procedimentos
e seus antecedentes... 97

10 Conclusões 103

Posfácio 107

Referências.. 111

Índice.. 125

Autores

José Carlos Zanelli (coordenador) – Brasil. Psicólogo pela Universidade de Brasília. Especialista em Psicologia Organizacional e do Trabalho pelo Instituto Sedes Sapientiae. Mestre em Psicologia Social das Organizações pelo Instituto Metodista de Ensino Superior de São Bernardo do Campo. Doutor em Educação pela Universidade Estadual de Campinas. Pós-doutorado pela Universidade de São Paulo. Pós-doutorado pela Pontifícia Universidade Católica de Campinas. É professor associado no Departamento de Psicologia da Universidade Federal de Santa Catarina, docente e pesquisador do Curso de Graduação, do Programa de Pós-Graduação em Psicologia. *E-mail*: jczanelli@terra.com.br/zanelli@zanelli.com.br

---

Aldo Vera Calzaretta – Chile. Psicólogo, licenciado em Psicologia. Mestre em Administração pela Universidade Diego Portales. Especialista em Gestão de Políticas de Recursos Humanos em Saúde na Escola de Saúde Pública Osvaldo Arouca, Fundação Fiocruz e pela Organização Panamerica de Saúde (OPS). Doutorando em Saúde Pública da Escola de Saúde Pública na Universidade do Chile. Pesquisador do Centro de Estudos Psicossociais do Trabalho e Saúde da Fundação Científica e Tecnológica da Associação Chilena de Segurança. Professor e pesquisador na Divisão de Políticas e Gestão em Saúde da Escola de Saúde Pública na Universidade do Chile. Coordenador da Acadêmica da Gestão de Políticas de Recursos Humanos em Saúde. *E-mail*: fctavc@achs.cl / avera@med.uchile.cl

Arturo Juárez García – México. Psicólogo e Doutor em Psicologia pela Universidade Nacional Autônoma do México (UNAM). Ganhador do Prêmio Nacional de Investigação de Riscos no Trabalho pelo Instituto Mexicano de Seguro Social. Prêmio Nacional de Psicologia do Trabalho, outorgado pela Sociedade de Psicologia Aplicada do México. Membro do Sistema Nacional de Investigadores sobre Fatores

Psicossociais no Trabalho (A.C). Professor na Unidade de Investigações e Serviços Psicológicos da Faculdade de Psicologia na Universidade Autônoma do Estado de Morelos (UAEM) em Cuernavaca, México. *E-mail*: arturojuarezg@hotmail.com

Marilda Emmanuel Novaes Lipp – Brasil. Psicóloga pela American University. Ph.D. em Psicologia pela George Washington University. Pós-doutorado pelo National Institute of Health, EUA. Professora titular do Programa de Pós-Graduação em Psicologia na PUCCAMP. Coordenadora do Laboratório de Estudos Psicofisiológicos do Stress. Editora chefe da Revista Estudos de Psicologia. Bolsista de Produtividade do CNPq. Diretora do Instituto de Psicologia e Controle do Stress. Membro da Academia Paulista de Psicologia. *E-mail*: mlipp@estresse.com.br

Maria José Chambel – Portugal. Psicólogo pela Universidade de Lisboa. Especialista em Psicologia Social do Trabalho e das Organizações. Doutora em Psicologia Social pela Universidade de Lisboa. Professora auxiliar e coordenadora do Núcleo de Psicologia das Organizações da Faculdade de Psicologia na Universidade de Lisboa. Coordenadora do núcleo de pesquisa "O individuo, o trabalho e a família" da unidade de Investigação na Universidade de Lisboa. Professora do curso de Graduação em Psicologia, do Programa de Pós-Graduação em Stress e Bem-estar, do Curso de Pós-Graduação em Gestão e do Curso de Pós-Graduação em Políticas e Desenvolvimento de Recursos Humanos na Universidade de Lisboa. *E-mail*: mjchambel@netvisao.pt

Apresentação

A constatação de que empregados ou trabalhadores, em diferentes atividades, em diversos setores da economia mundial, estão tendo dificuldades para perceber, refletir e agir em benefício da própria saúde e do bem-estar coletivo, ao mesmo tempo em que ocorre uma intensa cobrança pela resolução de problemas e obtenção de produtividade, suscitou-me um projeto de estudo, em nível de pós-doutorado, que foi submetido e aprovado pelo Conselho Nacional de Desenvolvimento Científico e Tecnológico – CNPq (número do processo: 154723/2006-1). Estabeleci dois objetivos principais no projeto: identificar as teorias e os procedimentos utilizados em centros de pesquisas e tratamento de trabalhadores com manifestações de estresse e descrever os resultados que esses procedimentos e teorias proporcionam.

A interação mantida com quatro centros reconhecidos de estudos e pesquisas ou unidades de atendimento a indivíduos e a organizações humanas sob necessidade de intervenções profissionais, que visam diminuir os danos que o trabalho provoca, viabilizou o estudo. Logo, quatro participantes ativos dos quatro centros, de diferentes países (Brasil, Chile, Portugal e México), participaram diretamente da investigação, por meio de entrevistas individuais estruturadas em um roteiro de duas partes: teorias e procedimentos. Em cada parte, instruções foram escritas para esclarecer o entendimento dos termos, bem como solicitações do que era esperado e observações relativas às três categorias que compõem cada uma das partes também foram esclarecidas. Assim foram encadeados os dois conjuntos de categorias: pressupostos – teorias/pesquisas – consequências; antecedentes – intervenções/procedimentos – consequências. Elas serviram como base para a elaboração do roteiro e foram utilizadas para agrupar, guiar a estruturação e a análise dos dados, dispostos em matrizes de inter-relações das verbalizações e das sínteses.

Recorrências aos participantes, presenciais ou por via eletrônica, tornaram possível confirmar e validar as interpretações iniciais. Documentos disponíveis nos quatro centros, que continham informações sobre os procedimentos e teorias utilizadas, também foram observados.

Foi possível concluir que as teorias mencionadas durante o processo de investigação têm clara proximidade entre si. Destacam-se autores usualmente denominados comportamental-cognitivistas. Os modelos teóricos estão alicerçados em referências epistemológicas objetivistas, no sentido de que o entorno físico e social tem influência determinante no fenômeno do estresse, em estreita conexão com as formações cognitivas e emocionais que fundamentam as ações de cada pessoa. Contudo, destaca-se a necessidade de que se desenvolva um modelo teórico integrador. Os procedimentos de intervenção que são empregados nos quatro centros estudados também têm clara proximidade entre si. Os resultados desses procedimentos e teorias implicam melhoria da produtividade, do desempenho, da saúde da coletividade e a redução de custos. Além disso, os resultados práticos abrem novas possibilidades de intervenções.

Finalmente, com o objetivo de ampliar as interpretações registradas no relatório final do estudo e oferecer aos estudantes e profissionais que lidam com empregados ou trabalhadores que sofrem as consequências do estresse laboral, os participantes do estudo foram convidados a analisar e aprofundar os múltiplos aspectos do relatório. Os participantes, profissionais de elevadas qualificações e competências, aceitaram a proposta e, prontamente, trabalharam com o empenho e seriedade que lhes é característica. Assim, como produto de um trabalho compartilhado e transnacional, revisto e ampliado, foi possível reconstruir o texto original, agora em forma de livro, e torná-lo acessível a um público extenso.

José Carlos Zanelli

Introdução

Este início de século XXI evidencia intensas pressões por resultados como uma das principais constantes na realidade do mundo do trabalho, na maioria das organizações, em todos os níveis hierárquicos. Outros fatores, como a intensificação das mudanças tecnológicas, a concorrência globalizada e o desemprego estrutural, estão associados às pressões por resultados dentro das organizações. Frente à cobrança contínua pela resolução de problemas e obtenção de produtividade, empregados ou trabalhadores que desenvolvem atividades diversificadas, em diferentes setores da economia, estão tendo dificuldades para perceber, refletir e agir em benefício da própria saúde e do bem-estar coletivo. Essas evidências têm sido constatadas por meio de pesquisas, em diversas categorias profissionais, publicadas nas décadas mais recentes, e em maior número nos últimos anos, em âmbito internacional. O extenso levantamento do estado da arte realizado por Schaufeli e Buunk (2003) é apenas um exemplo que comprova a existência de um fenômeno que vem sendo agravado.

> Frente à cobrança contínua pela resolução de problemas e obtenção de produtividade, empregados ou trabalhadores que desenvolvem atividades diversificadas, em diferentes setores da economia, estão tendo dificuldades para perceber, refletir e agir em benefício da própria saúde e do bem-estar coletivo.

Outra evidência da preocupação internacional existente no momento quanto à necessidade de reconhecer, prevenir ou controlar o estresse emocional é apresentada pelo estudo de meta-análise de Richardson e Rothstein (2008), que incluiu 36 trabalhos experimentais com um total de 2.847 adultos e 55 programas de intervenção. O Instituto Americano de Estresse relatou que 80% de todos os acidentes de trabalho nos Estados

Unidos têm o estresse como um dos maiores fatores envolvidos (Atkinson, 2004). Considerando-se o período de 1997 a 2001, o número de trabalhadores que entraram com pedido de licença médica naquele país, devido ao estresse, triplicou. Como enfatizado por Richardson e Rothstein (2008), este não é um fenômeno americano somente. Na Austrália tem havido um aumento contínuo no número de processos baseados no estresse ocupacional (Caufield et al., 2004). A indústria britânica e a Fundação Europeia para a Melhoria das Condições de Vida e Trabalho relataram que o estresse afeta um terço dos trabalhadores europeus (Giga, Cooper e Faragher, 2003).

Parece que se começa a entender a responsabilidade do mundo corporativo por uma parte substancial do estresse experimentado por um adulto em função do número de horas despendidas dentro das organizações, da sobrecarga que em geral se coloca no trabalhador e das exigências das tarefas que no mundo moderno se tornam mais e mais complexas.

Conforme revisto por Lipp (2005), a preocupação com os efeitos do estresse ocupacional atingiu um ponto marcante quando, em 1999, vários países adotaram medidas antiestresse no trabalho. Por exemplo, o Instituto Americano de Segurança e Saúde publicou, em 1999, recomendações sobre o estresse ocupacional, enfatizando que a natureza do trabalho está mudando radicalmente em velocidade vertiginosa e que medidas profiláticas devem ser tomadas a fim de prevenir o impacto do estresse ocupacional não só nos trabalhadores, mas também na sociedade em geral. O governo do Japão também tem sugerido estudos e medidas preventivas nesse sentido, bem como o governo da Bélgica, que em 1999 assinou um acordo com a associação de trabalhadores sobre ações preventivas na área do estresse no trabalho. Recentemente, o governo dos Estados Unidos publicou um documento em que especificamente torna a promoção da saúde uma prioridade para o governo e relata que uma análise das empresas, em âmbito nacional, que oferecem programas de promoção de saúde e redução de fatores de risco – envolvendo ações antitabagismo, incentivo para controle de obesidade e redução do estresse – revelou uma redução significativa de problemas mais graves de saúde. A Carta de Bangkok, escrita em 2005, durante a 6ª Conferência Mundial de Promoção da Saúde,

> A preocupação com os efeitos do estresse ocupacional atingiu um ponto marcante quando, em 1999, vários países adotaram medidas antiestresse no trabalho.

em Bangkok, Tailândia, fez um apelo para o avanço das ações de promoção da saúde em nível mundial, tanto nos âmbitos pessoal empresarial como governamental. No que se refere às ações empresariais, a Carta de Bangkok sugere tornar a promoção de saúde (PS) uma exigência para a boa prática corporativa, como segue:

> *O setor empresarial tem um impacto importante na saúde das pessoas e sobre os determinantes da saúde através de sua influência em: cenários locais, culturas nacionais, meio ambiente e distribuição da riqueza. O setor privado, assim como outros empregadores, e o setor informal têm a responsabilidade de assegurar a saúde e a segurança no local de trabalho, e de promover a saúde e o bem-estar de seus empregados, suas famílias e comunidades. O setor privado pode, também, contribuir para diminuir impactos globais mais amplos na saúde, tais como aqueles associados com a mudança ambiental global, por meio de aceitação de regulações locais, nacionais e internacionais e acordos para promover e proteger a saúde. Práticas empresariais éticas e responsáveis e as regras justas de comércio exemplificam os tipos de prática nos negócios que devem ser apoiadas pelos consumidores, pela sociedade civil e por incentivos e regulações governamentais (Carta de Bangkok, 11 de agosto de 2005).*

Um estudo realizado por dois pesquisadores americanos, Langlieb e Kahn, em novembro de 2005, no qual artigos publicados nos últimos cinco anos na área de promoção da saúde mental nas empresas foram avaliados e comparados, levou à conclusão de que a ocorrência de ansiedade e depressão dentro das empresas representa um alto custo para as mesmas, em termos das consequências que acarretam: absenteísmo, presenteísmo, afastamentos, queda de produtividade e doenças físicas e mentais. Concluíram, também, que o tratamento dos problemas emocionais beneficia as empresas, pois melhora a qualidade de vida dos empregados e aumenta a produtividade, além de reduzir os custos médicos (Lipp, 2008).

Em 2005, o Centro para Soluções da Saúde de Deloitte publicou um trabalho com 365 das maiores empresas dos Estados Unidos para determinar a percepção do mundo corporativo frente a programas de prevenção e redução do estresse. Foi verificado que a maioria delas havia implantado esses programas sob a perspectiva de resultados a longo prazo para a saúde dos empregados, entendendo que não haveria lucro financeiro para a empresa a curto prazo.

No Brasil, pesquisas realizadas em diferentes regiões descrevem resultados que revelam que a saúde, a qualidade de vida e o bem-estar do trabalhador têm sido prejudicados: Tamayo, Argolo e Borges (2005); Silva, Argolo e Borges (2005); Moura, Borges e Argolo (2005); Schillings (2005); Menegaz (2004); Cardoso (2004); Benevides-Pereira (2002); Kurowski S. C. Moreno-Jiménez (2002); Amorin (2002); Barbosa, R. (2001); Barbosa (2001); Codo e colaboradores (1995a, b). Também no Chile as constatações não são diferentes: Vera e Machuca (2001); Vera, Sepúlveda e Contreras (2006); Vera e colaboradores (2007).

Pesquisas comparativas, realizadas no Centro Psicológico de Controle do Estresse (CPCS), mostram que em, 1996, o estresse entre pessoas que exerciam cargos de nível executivo e diretivo no Brasil atingia o índice de 40%. Em janeiro de 2004, em uma pesquisa realizada pelo mesmo centro, incluindo 95 executivos (69 homens e 26 mulheres), mostrou que o índice de estresse entre eles sofreu um acréscimo para 49% (32% dos homens e 46% das mulheres), sendo que 12% já em fase de quase exaustão. Na época de troca de Presidentes da República Brasileira (2002 – 2003), uma pesquisa realizada nas cidades de São Paulo, Fortaleza, Recife e Salvador mostrou como as condições políticas podem agravar o quadro, registrando um índice de 69% de pessoas em cargos gerenciais com estresse.

Dentre os empregados que não exercem cargos executivos ou diretivos, mas que trabalham em escritórios, o estresse também se tornou mais prevalente, passando de 32%, no geral, registrado em 1996 (Lipp et al. 1996), para 35%. O índice de estresse entre trabalhadores de fábrica, no Brasil, é significativamente menor do que o de outros níveis de trabalhadores, com somente 24% demonstrando sinais de estresse patológico. Dentre os trabalhadores de turno, a incidência de estresse chega a atingir 78%. Esses incrementos não podem ser atribuídos a um maior conhecimento ou sensibilização do que é o estresse, pois todas as pesquisas foram realizadas em empresas com os mesmos instrumentos de avaliação. É mais provável que fatores como a globalização, o redimensionamento do quadro de empregados e a modernização tecnológica sejam os fatores mais contribuintes para a ontogênese do estresse emocional verificado. Como pode ser entendido, diferentes ocupações geram níveis de estresse diferenciados, com um agrupamento preocupante de *clusters*, como, por exemplo: policiais, controladores de voo e juízes com o maior índice, jornalistas da mídia diária e bancários em segundo lugar, e executivos e atletas em tercei-

> É mais provável que fatores como a globalização, o redimensionamento do quadro de empregados e a modernização tecnológica sejam os fatores mais contribuintes para a ontogênese do estresse emocional verificado.

ro lugar (Lipp, 2005). Em proporções semelhantes, outros estudos revelam implicações para a saúde do trabalhador mexicano (Noriega et al., 2001; Gutiérrez, Contreras-Ibañes e Ito, 2003; Juárez-García e Ramírez, 2005; Arias e Juárez, 2008; Aranda et al., 2005).

Estamos em uma época de mudanças os significados em torno do mundo do trabalho estão variando e são cada vez mais incertos – assim ficou demonstrado, em meados da década de 1980, por meio dos estudos transculturais desenvolvidos pelo Meaning of Working Research Group (MOW, 1987) e desenvolvimentos posteriores neste âmbito. A proposição medular gira em torno do conjunto de valores, crenças e atitudes frente ao trabalho. Em nosso processo de socialização no

> Estamos em uma época de mudanças na qual os significados em torno do mundo do trabalho estão variando e são cada vez mais incertos.

trabalho, esse significado adquire sentido e varia em função das experiências subjetivas e de aspectos situacionais que são produzidos no contexto laboral e organizacional (Salanova, 1993; Rodríguez, Oyuelos e Silva, 2001; Zacarés González e Llinares Insa, 2006).

Trabalho, saúde e construção da qualidade de vida [1]

Apesar do empenho dos trabalhadores ao longo dos dois últimos séculos para obter condições mais dignas, desde as condições aviltantes de exploração instaladas pela Revolução Industrial, há cerca de 200 anos, as exigências diárias de trabalho têm agravado o nível de estresse e os danos à saúde. Os fatores em jogo muitas vezes estão além dos acordos entre trabalhadores, administradores e líderes bem-intencionados; estão sujeitos às transformações das regras da concorrência em nível mundial e às mudanças vertiginosas da tecnologia, ao ponto extremo de os trabalhadores de certos setores ficarem receosos ao retornar ao trabalho, por causa da desatualização que um mês de férias impõe. Assim, nas últimas décadas, o mundo do trabalho vem passando por profundas transformações que estão relacionadas com condições econômicas, sociopolíticas legais, mudanças demográficas, inovação tecnológica, entre outros (Peiró e Prieto, 1996).

> O mundo do trabalho vem passando por profundas transformações que estão relacionadas com condições econômicas, sociopolíticas legais, mudanças demográficas, inovação tecnológica, entre outros.

A sociedade pós-industrial, em suas demandas por constantes adaptações sociais, exige reações do indivíduo capazes de prejudicar a sua racionalidade e igualmente capazes de minar a saúde daqueles que têm dificuldades de enfrentar as pressões. Surgem novos padrões de comportamento, produzindo efeitos na estrutura e funcionamento das organizações de trabalho. Como decorrência dessas transformações, as pessoas são afetadas, sendo exigidas readaptações físicas e psicológicas delas, com um custo de energia vital e com implicações para a saúde (Zanelli, 1998). Essa nova ordem social é geradora de sistemas abstratos, capazes de produzir desequilíbrios nos mecanismos responsáveis pelas mudanças sociais (Chesnais, 1996), de tal forma que "os modos de vida produzidos pela modernidade nos desvencilharam de todos os tipos tradicionais de ordem social de uma maneira sem precedentes" (Giddens, 1991, p. 14).

> A sociedade pós-industrial, em suas demandas por constantes adaptações sociais, exige reações do indivíduo capazes de prejudicar a sua racionalidade e igualmente capazes de minar a saúde daqueles que têm dificuldades de enfrentar as pressões.

Um indicador de como o mundo corporativo tem mudado é a constatação de que a média do número de horas que um casal americano dedica ao trabalho por ano aumentou em aproximadamente 700 horas nas últimas duas décadas (Murphy e Sauter, 2003). A gravidade desse acréscimo tem sido reconhecida pelas instituições, as quais afirmam, que o excesso de trabalho tem repercussões negativas importantes, quer na vida dos trabalhadores, quer no equilíbrio entre a sua vida profissional e familiar. No texto introdutório da European Directive on Working Hours (1993, citado por Spurgeon e Cooper, 2000), destaca-se o decréscimo na segurança e na saúde que o excesso de horas de trabalho provoca. A Comissão de Igualdade de Oportunidades do Reino Unido considerou que uma cultura organizacional que valoriza o tempo dedicado ao trabalho prejudica a vida dos trabalhadores e da sua família, pois impede o cumprimento das responsabilidades familiares (Equal Opportunities Commission, 2004). Criaram-se várias recomendações e legislação especifica para estabelecer o número máximo de horas de trabalho semanais (International Labour Organization, 1990; Organization for Economic Cooperations and Development, 1992) e a European Directive on Working Hours (1993, citado por Spurgeon e Cooper, 2000) definiu restrições ao número de horas que os indivíduos devem dedicar ao seu trabalho.

> Um indicador de como o mundo corporativo tem mudado é a constatação de que a média do número de horas que um casal americano dedica ao trabalho por ano aumentou em aproximadamente 700 horas nas últimas duas décadas.

As pessoas estão sendo pressionadas por exigências cada vez mais complexas nas organizações de trabalho (Lipp, 2005). Em razão disso, tentam aproveitar oportunidades advindas da disseminação e da conexão digital, buscam estruturar seu funcionamento em hierarquias mais horizontalizadas e desenvolver equipes, às quais são atribuídas mais responsabilidades e cujo desempenho é orientado por projetos em prazos determinados (Zanelli, 2002). Tanto organizações públicas como privadas tendem a manter um corpo de empregados permanentes em paralelo a um conjunto de empregados temporários, voltados às atividades administrativas e de manutenção. Os profissionais, em qualquer situação, são pressionados a aprender, contínua e rapidamente, procedimentos de novas tecnologias, bem como se atualizar permanentemente. Estão sob constante ameaça de desemprego e vivências de sofrimento no trabalho que os coloca em evidente risco de adoecimento (Zanelli e Bastos, 2004). Isso leva a paradoxos, como o aumento do individualismo, contraposto às solicitações por integração e coesão, e do comprometimento com a carreira, em vez do comprometimento com a organização. Tal cenário delineia um possível acirramento de conflitos interpessoais e intergrupais, e padrões de personalidade altamente competitivos de uma nova sociedade (Comportamento Tipo A). Ferreira e Assmar (2008) alertam para as consequências à saúde do trabalhador quando as relações interpessoais no trabalho se encontram deterioradas.

> As pessoas estão sendo pressionadas por exigências que são cada vez mais complexas nas organizações de trabalho.

A competição internacionalizou-se e está atingindo amplo contingente da população mundial. A utilização da mão de obra dos países do terceiro mundo está mais barata, enquanto os avanços tecnológicos têm simplificado e automatizado as tarefas nas fábricas. Trabalhadores de diversos campos de atividades estão levando tarefas para o lar e ocupando suas horas de lazer pensando e resolvendo problemas ou mesmo executando tarefas que antes só eram feitas no local de trabalho. No geral, a realidade atual do emprego pode ser descrita com a imagem de um número menor de pessoas, que estão ganhando menos para fazerem, desgastadas, mais atividades. Por sua vez, a realidade dos ganhos financeiros aumenta a distância que separa os ricos e os pobres, os que têm acesso à tecnologia sofisticada e condições de vida privilegiadas e uma imensa maioria que sobrevive em condições de miséria extrema ou sob estado de quase absoluta dependência e servidão (Zanelli e Silva, 2008a).

> Trabalhadores de diversos campos de atividades estão levando tarefas para o lar e ocupando suas horas de lazer pensando e resolvendo problemas ou mesmo executando tarefas que antes só eram feitas no local de trabalho.

A opção, por parte de grande número de empresas, pela contratação de trabalhadores em regime temporário, de forma a garantir maior flexibilidade e redução dos custos administrativos e de mão de obra, pode ser vista como uma das situações atuais que potencializam o estresse e a diminuição do bem-estar dos trabalhadores. Em primeiro lugar, os empregadores investem menos nesses trabalhadores em termos salariais e de outros benefícios, e em termos de oportunidades de promoção e formação (Organisation for Economic Co-operation and Development, 2002). Em segundo lugar, esses trabalhadores muitas vezes têm piores condições de trabalho, sendo atribuído a eles menos autonomia (Benach, Gimeno e Benavides, 2002), mais monotonia, pouca possibilidade de utilização das competências (Hall, 2006), de influência nas decisões (Aronsson, Gustafsson e Dallner, 2002; Parker et al., 2002), com piores condições físicas (Quinlan, Mayhew e Bohle, 2001; Saloniemi, Vitanem e Vahtera, 2004) e com pouco apoio, quer dos colegas permanentes, quer dos sindicatos (Byoung-Hoo e Frenkel, 2004). Finalmente, esses trabalhadores vivem uma situação de emprego com elevada tensão porque têm elevadas exigências e baixo controle (Lewchuk et al., 2005). As elevadas exigências, nesse caso, estão associadas à constante procura de um novo emprego, ou o esforço por conseguir assegurar o emprego atual, garantindo uma avaliação de desempenho elevada, assim como, muitas vezes, ao esforço por conseguir equilibrar as exigências de vários empregos. O baixo controle refere-se à incerteza e à insegurança com relação a ter ou não emprego no futuro, mas também aos termos e condições desse mesmo emprego.

> Trabalhadores vivem uma situação de emprego com elevada tensão porque têm elevadas exigências e baixo controle.

Os dirigentes das organizações enfrentam dificuldades para manter acordos de confiança, franqueza, transparência e respeito (Maslach e Leiter, 1999) – o que é de grande relevância para o clima organizacional e para a produtividade da empresa. Aryee, Budhwar e Chen (2001) verificaram que a confiança na organização está associada a níveis de satisfação no trabalho, absenteísmo e nível de comprometimento, e que a confiança no supervisor possui uma forte associação com o desempenho diário. Quando os dirigentes agem com retidão com seus empregados, revelam que valorizam cada ser humano e viabilizam as condições para sua saúde e seu crescimento profissional. Entretanto, quando não mantêm compromissos responsáveis entre a organização e o indivíduo, a probabilidade de desgaste físico e emocional aumenta. O desequilíbrio entre as exigências do trabalho e os princípios, necessidades e expectativas pessoais abre caminho para o desgaste físico e emocional. A reduzida realização profissional é consequência da falta de recursos pessoais e/ou de condições organizacionais que interferem tanto no desenvolvimento da exaustão como no baixo comprometimento com os objetivos propostos pela administração. Dentre os agentes estressantes no ambiente de trabalho, destacam-se: demandas acima das condições efetivas de produção ou prestação de serviços de qualidade; pouco reconhecimento profissional; reduzida participação nas decisões organizativas de gestão e planejamento; longas jornadas de trabalho; dificuldades de promoção; exposição constante ao risco e periculosidade (sobretudo em algumas especialidades); pressão do tempo e atuações de urgência; problemas de comunicação; competição no ambiente laboral; e excesso de burocracia.

> O desequilíbrio entre as exigências do trabalho e os princípios, necessidades e expectativas pessoais abre caminho para o desgaste físico e emocional.

O ritmo e a carga de trabalho têm aumentado em muitos setores, simultâneo à solicitação de maior participação e procedimentos que deixam mensagens subjacentes de falta de confiança nos empregados. Um estudo da Organização Internacional do Trabalho (Lee, Mc Cann e Messanger, 2007), revela que 22% da força laboral do mundo trabalha mais de 48 horas por semana em vários países latino-americanos. Peru, Argentina e México lideram a lista. Em contrapartida, muitas pessoas não percebem seus esforços justamente recompensados, sobretudo na forma de remuneração. É ainda pior quando há falta de equidade, ou seja, pessoas menos qualificadas, com menos responsabilidades ou carga de trabalho, recebendo privilégios e valores iguais ou até maiores. Às vezes, isso está ligado a valores em forte conflito, como é o caso da execução de atividades sob a ética "dos fins que justificam os meios" para obtenção de favores das fontes de poder. Para Antunes (2000), esse contexto das relações de trabalho, especialmente, configura aspectos subjetivos que se distanciam de uma vida autodeterminada e autêntica.

> O ritmo e a carga de trabalho têm aumentado em muitos setores, simultâneo à solicitação de maior participação e procedimentos que deixam mensagens subjacentes de falta de confiança nos empregados.

As agências de socialização interagem continuamente na construção psicossocial da vida humana em sociedade. Na fase adulta, para a maioria das pessoas, as organizações de trabalho ou o vasto mundo paralelo formado pelas atividades informais de trabalho e pelo subemprego têm clara influência na estruturação da subjetividade e estabelecimento da identidade de cada um. Os processos de socialização nos preparam para o trabalho quando ainda não entendemos seus significados (Zanelli e Silva, 2008a), o que é fundamental para o desenvolvimento humano. O trabalho influencia, ao longo do tempo, as aspirações e o estilo de vida. Coloca-se entre as atividades mais relevantes e, de alguma maneira, firma-se como a principal fonte de significados na constituição da vida daqueles que o exercem em atividades formais ou informais.

> O trabalho influencia, ao longo do tempo, as aspirações e o estilo de vida. Coloca-se entre as atividades mais relevantes e, de alguma maneira, firma-se como a principal fonte de significados na constituição da vida daqueles que o exercem em atividades formais ou informais.

A ideia de trabalho, em nosso meio, traz conotações aversivas ou indica incompatibilidades com outras dimensões de nossas vidas. Para muitos, tem significado de sofrimento ou até tortura, como a etimologia da palavra sugere. Sob um ponto de vista religioso, o trabalho foi atribuído à humanidade para expiar o pecado original. Tem significado de dor, quando se fala, por exemplo, em trabalho de parto. Afinal, como definir trabalho? As possibilidades são diversas. Pode ser compreendido, de um modo simples, como todo esforço humano que intervém em seu ambiente com certa finalidade de transformação. Geralmente, o trabalho é associado às atividades remuneradas, com vínculo legal, sob a denominação de emprego. É por meio das atividades assalariadas que uma parcela da população busca atender às suas necessidades e manter a própria subsistência e de suas famílias, apesar da evidente retração dos empregos nos últimos anos.

Uma remuneração reduzida não se traduz simplesmente em ausência de retorno financeiro de acordo com as expectativas do trabalhador,

> Uma remuneração reduzida não se traduz simplesmente em ausência de retorno financeiro de acordo com as expectativas do trabalhador, mas também na dificuldade de reconhecimento pelo esforço ou dedicação.

mas também na dificuldade de reconhecimento pelo esforço ou dedicação. Além disso, não favorecem o desenvolvimento de uma comunidade onde indivíduos encontram oportunidades de relações interpessoais gratificantes. O reduzido controle do trabalhador sobre aspectos relevantes de suas atividades e a falta de autonomia interferem na capacidade de estabelecer prioridades em suas tarefas diárias, selecionar modos de realização de seu trabalho e tomar decisões sobre a utilização de recursos. Esse conjunto de fatores torna o trabalhador mais suscetível à exaustão, ao ceticismo e à ineficiência provocados pelo desgaste físico e emocional.

Conquanto a necessidade de dinheiro não seja o único fator que mantém alguém trabalhando e existam múltiplos fatores envolvidos entre as expectativas e necessidades individuais e as exigências organizacionais, o salário é um item de inegável relevância. Para a pessoa, além do salário, a estabilidade e previsibilidade das relações, oportunidades de crescimento e aprendizagens, convivência com amigos e reconhecimento são fatores importantes. A pessoa ou os grupos de elevado desempenho precisam experimentar prazer nas atividades de trabalho, para despenderem tempo e esforço e tomar iniciativas. Se o empregado cumpre sua parcela, espera que os dirigentes forneçam condições que, em última análise, permitam qualidade de vida e saúde. Isso tem implicações para muitos aspectos da vida profissional e organizacional. A manutenção das forças que atendem, simultaneamente, aos interesses, tanto do empregado como do empregador, constitui-se em uma troca essencial no local de trabalho.

> A manutenção das forças que atendem, simultaneamente, aos interesses tanto do empregado como do empregador constitui-se em uma troca essencial no local de trabalho.

No processo produtivo, em que o ser humano transforma e é transformado, o trabalho, como ação humanizada, impõe assimilações em aspectos fisiológicos, morais, sociais e econômicos. Cada mundo concreto do trabalho constitui um subsistema social específico, com seus interesses grupais, seus valores e seus princípios, suas normas e sua maneira peculiar. Contudo, há uma tendência à escassez de contatos sociais positivos, ou pior, conflitos e frustrações que se estabelecem, seja pelas pressões de produção, pelas exigências da tecnologia ou pela arquitetura psicossocial do ambiente profissional. As oportunidades de trabalho significativo e satisfatório tornam-se, em muitas situações, cada vez menos possíveis na sociedade contemporânea.

Quando atividades de trabalho são dotadas de sentido ou significado coerente com o conjunto de valores que é peculiar ao executor, o trabalho pode ser visto como significativo, com potencial emancipador. Caso contrário, esses mesmos fatores corroboram para a sensação de perda do orgulho pelo

> Quando atividades de trabalho são dotadas de sentido ou significado coerente com o conjunto de valores que é peculiar ao executor, o trabalho pode ser visto como significativo, com potencial emancipador.

que foi realizado e o trabalho é percebido como expropriador, alienante e sem significado no contexto da vida pessoal. Na perspectiva psicológica, portanto, o trabalho é uma categoria central no desenvolvimento do conceito de si mesmo e uma fonte de autoestima. Ao perder o emprego, muitas pessoas ficam desorientadas, desestruturam-se emocionalmente, sentem-se inúteis, destituídas da possibilidade de contribuição e cobradas por isso. Passam a procurar em outras coisas substitutivas, às vezes inadequadas, aquilo que o emprego proporcionava.

Em suma, o trabalho é um forte elemento na construção da pessoa que convive bem consigo mesma, acredita em si e sente-se digna. Atividades que são de alguma forma impostas a um empregado que não consegue perceber sua finalidade ou destinação colocam em risco sua sanidade mental. Na dimensão social, o trabalho é o principal regulador da organização da vida humana. É elemento-chave na formação das coletividades e, portanto, dos valores que essas coletividades difundem. Os agrupamentos humanos são organizados em função do trabalho. As pessoas articulam-se em torno das atividades laborais. Horários, atividades e relacionamentos interpessoais são determinados conforme as exigências da vida no trabalho. No entanto, as organizações de trabalho são reconhecidas, inúmeras vezes, no decurso da história humana, como ambientes

> O trabalho é um forte elemento na construção da pessoa que convive bem consigo mesma, acredita em si e sente-se digna. Atividades que são de alguma forma impostas a um empregado que não consegue perceber sua finalidade ou destinação colocam em risco sua sanidade mental.

de sofrimento e adversidades. Como mencionado anteriormente, os estudos transculturais desenvolvidos pelo Meaning of Working Research Group (MOW, 1987) e outros autores avalizam os argumentos citados. Vera (2005) refere, como elemento de contexto, que todas as transformações que se vinculam ao mundo do trabalho estão traduzidas na geração de novos tipos de ocupações, com uma forte transição da economia para o setor de serviços. Simultaneamente, estão emergindo novos tipos de organizações, dando espaço a fenômenos como a terceirização de serviços (*outsourcing*), reduções organizacionais (*downsizing*) (Kivimaki et al., 2000; Pepper et al., 2003), fusões (*merging*), novos tipos e postos de trabalhos. Agrega-se, além disso, a precarização das condições e dos contratos de trabalho e o aumento do emprego informal. Nesse novo cenário mundial, o mercado está requerendo novos tipos de trabalhadores, traçando novos desafios na formação dos recursos humanos (Peiró e Prieto, 1996). Pode-se afirmar, então, que o central neste conjunto de transformações está estreitamente vinculado às novas condições dos ambientes de trabalho, com a qual se defronta a força laboral e o modo como elas influenciam a saúde dos trabalhadores. Nesse marco, a Organização Internacional do Trabalho tem desenvolvido o conceito de trabalho decente (Oficina Internacional del Trabajo, 1999), compreendido como trabalho produtivo, no qual os direitos dos trabalhadores são resguardados, gerando salários adequados e uma proteção social apropriada. Esse conceito também está instalado no debate acadêmico (Cifuentes, 2004).

Embora os determinantes sociais não constituam uma novidade temática em saúde, deve-se reconhecer que nos últimos anos a discussão deles está revigorada, incluindo as condições de trabalho Desse modo, o estresse e as condições de vida de trabalho têm sido destacados como alguns dos determinantes da saúde, como tem sido valorizado por vários autores (Marmot e Wilkinson, 2003).

Jackson e Polanyi (2002) assinalam diversos aspectos que se associam aos locais e condições saudáveis de trabalho e que têm efeito sobre a saúde. A respeito das condições, destacam os altos níveis de estresse, a insegurança, o ambiente físico, o ritmo de trabalho, o controle, o turno a participação e as relações, o equilíbrio ou balanceamento entre vida e trabalho. No Chile, Solar e Vega (2005), seguindo esses princípios, analisam o sistema de saúde ocupacional.

Em síntese, na perspectiva dos determinantes sociais da saúde, as condições de trabalho e, em particular, o estresse laboral são assuntos relevantes em suas relações com a saúde. Além disso, em geral, todas as publicações mencionadas adquirem implicações para o âmbito da formulação de políticas públicas e na geração de linhas de investigação. Sem dúvida, no caso chileno, não existe acúmulo de evidências derivadas da investigação nacional que sirva de insumo para esses propósitos (Vera, 2005). Isso parece não soar menos verdadeiro para outros países periféricos.

> Em síntese, na perspectiva dos determinantes sociais da saúde, as condições de trabalho e, em particular, o estresse laboral são assuntos relevantes em suas relações com a saúde.

Apesar do reduzido número de pesquisas sobre o fenômeno, Lipp (2005), com base em pesquisas desenvolvidas ao longo de 20 anos, identifica agentes estressantes típicos que fazem parte do contexto dos trabalhadores brasileiros: sobrecarga no trabalho e na família; chefia que dificulta a promoção e continuidade dos serviços ou que controla excessivamente; autocobrança (atribuir a si os erros nos serviços executados); falta de união entre os empregados; salário insuficiente para as próprias despesas básicas; colegas que não cooperam para atingir o término da execução de uma tarefa; falta de planejamento; e falta de expectativa de melhoria profissional.

A pessoa é, muitas vezes, vítima do seu modo de viver e do ritmo intenso das múltiplas solicitações a que tem que responder na vida familiar, social e, principalmente, nas relações de trabalho (França e Rodrigues, 1999). Sintomas tanto somáticos quanto psicológicos decorrentes da relação de trabalho têm sido constatados por diversos pesquisadores (Lipp, 1996; Maslach e Leiter, 1999; Arantes e Vieira, 2002). Sintomas que vêm sendo foco de atenção de várias áreas científicas e que receberam a denominação de "a epidemia dos anos oitenta", título de uma reportagem de capa da revista *Times*, ou de uma "epidemia global", segundo a Organização Mundial da Saúde (OMS), fazem referência ao estresse causado pelo modo de vida moderno (Lipp, 1996). A mesma Organização Mundial da Saúde define a qualidade de vida como "a maneira pela qual a pessoa percebe o lugar que ocupa no contexto cultural e no sistema de valores em que vive, bem como em relação com seus objetivos, expectativas, critérios e preocupações. Tudo isso incorporando, de um modo complexo, a saúde física da pessoa, seu estado psicológico, seu grau de autonomia, suas relações sociais, os fatores ambientais e suas crenças" (World Health Organization Quality of Life Group, 1994, p. 28).

Dessa forma, qualidade de vida diz respeito a desenvolver hábitos saudáveis, enfrentamento das tensões cotidianas, consciência dos impactos dos fatores do ambiente, desenvolvimento permanente do equilíbrio interior e na relação com os outros. A qualidade de vida, restrita ao ambiente de trabalho, envolve aspectos como o significado do trabalho para o executor, as condições de trabalho, a segurança e os riscos envolvidos, abertura para a criatividade e inovação, as consequências da participação efetiva nos processos de decisão, a percepção que se tem da remuneração e recompensas, possibilidades de desenvolvimento profissional e pessoal, o tratamento recebido, a sinceridade nas relações interpessoais, e assim por diante. As condições de trabalho têm evidentes implicações na saúde e na qualidade de vida humana.

Também é possível asseverar que existe consenso relativo ao definir qualidade de vida no trabalho como "o grau de bem-estar físico, psicológico e social que a pessoa experimenta como consequência das condições objetivas e subjetivas às quais está exposta em suas atividades laborais" (García e Sáez, 1995). Essa definição está próxima das definições da OMS no que diz respeito à saúde em termos gerais. De outra parte, Fernández e Giménez (1988, citados por González, Peiró e Bravo, 1996) propõem como definição de qualidade de vida no trabalho: "o grau em que a atividade laboral que as pessoas levam a cabo está organizado subjetiva e objetivamente, tanto em seus aspectos operativos como relacionais, a fim de contribuir para o seu mais completo desenvolvimento como ser humano".

As doenças decorrentes das condições de trabalho, associadas às pressões do mundo moderno, representam claros prejuízos para os recursos governamentais e da iniciativa privada. Ururahy e Albert (1997) revelam dados da realidade norte-americana, nos quais a indústria tinha, na época, um dispêndio anual entre 200 e 300 bilhões de dólares, relativo ao tratamento de trabalhadores que apresentam incapacidade laboral. A OMS, em relatório datado de 1996, mantém registros relativos às regiões mais desenvolvidas nas quais o número de consultas médicas, em consequência de manifestações de doenças decorrentes de fatores psicossociais (ruptura de laços familiares e da estrutura social, privação de necessidades básicas, obstáculos à realização pessoal, perda de emprego, aposentadoria precoce, dentre outros), atingiam a 50% do total das consultas realizadas nas regiões mais industrializadas e 25% naquelas menos industrializadas na década de 1990 (França e Rodrigues, 1999; Volich, 2000). O adoecimento humano nas ultimas décadas revela que nossa forma de viver tem evidentes consequências para a saúde.

> As doenças decorrentes das condições de trabalho, associadas às pressões do mundo moderno, representam claros prejuízos para os recursos governamentais e da iniciativa privada.

Na América Latina, o panorama é ainda mais obscuro, pois as condições de trabalho são muito mais lamentáveis. Frequentemente ocorre a importação de atividades perigosas que os países industrializados repassam aos países latino-americanos, com mão de obra barata e grandes desigualdades comerciais. Em geral, é bem conhecida a limitação em recursos, rendimentos e criação de empregos nesses países, que levam à "aceitação" de trabalhos precários e malremunerados por trabalhadores em vias de desenvolvimento. Ainda mais, é estimado que apenas entre 5 a 10% dos trabalhadores em via de desenvolvimento têm acesso a serviços de saúde ocupacional, sem mencionar a escassez da pesquisa científica e o desconhecimento de fatores psicossociais de risco (OMS, 2007).

Estilo de vida, adoecimento e ambiente de trabalho [2]

O estilo de vida é um conceito utilizado para compreender o conjunto de atitudes e comportamentos que constituem padrões recorrentes na vida de uma pessoa. Trata-se de um assunto que conta com acordo amplo na literatura, relativo à influência do estilo de vida no desenvolvimento de doenças, principalmente daquelas que podem contribuir para a morte prematura em adultos. Além disso, os hábitos de vida constituem um dos maiores fatores responsáveis pelo nível de qualidade de vida do ser humano. Distresse, depressão, ansiedade, dentre as doenças de fundo claramente emocional, e hipertensão arterial, obesidade e diabetes, nas quais os aspectos emocionais muitas vezes estão presentes, de modo até imperceptível, todas têm em sua gênese e manutenção um fator em comum, que é, sem dúvida, o conjunto de hábitos de vida típico da pessoa. Na Tabela 2.1, estão revelados o que o Centro Americano de Controle de Doenças postula ser a contribuição de vários fatores para o desencadeamento das doenças que podem causar a morte prematura.

> Os hábitos de vida constituem um dos maiores fatores responsáveis pelo nível de qualidade de vida do ser humano.

Existem vários modelos teóricos que tentam explicar como o comportamento regula os estados biológicos, ou seja, o processo saúde-doença, e duas vertentes envolvidas em prevenção: (a) o modelo tradicional biomédico e (b) o comportamental, conhecido como modelo de *outcome*, ou de resultado. O primeiro trata do diagnóstico precoce da doença e do seu tratamento imediato. Envolve, portanto, uma medida clínica da doença. O segundo é muito mais abrangente e considera o corpo humano como um sistema indivisível, que deve ser tratado como um todo. O modelo de resultado procura mudar as condições, os hábitos de vida, que poderiam propiciar o aparecimento de doenças no futuro, mesmo que distante, por exemplo: tabagismo, padrões de comportamento que possam gerar estresse, etc. Implica, portanto, um método que envolve a prevenção primária, base do modelo comportamental de resultados, objetivando mudanças de hábitos de vida inadequados e de risco, bem como mudanças cognitivas que envolvem alterações de valores e atitudes inapropriadas frente à vida. Esses dois modelos estão em consonância com os trabalhos de Ivancevich e colaboradores (1990), que desenvolveram um referencial teórico para o planejamento, a implementação e a avaliação de programas de prevenção de doenças associadas ao estresse emocional. De acordo com esse modelo, as intervenções no ambiente de trabalho podem objetivar mudar um dos três estágios do processo do estresse: a intensidade dos estressores no trabalho, a avaliação que o trabalhador faz das situações estressantes ou a habilidade do mesmo em lidar com o estresse. Desse modo, as intervenções podem focar o indivíduo, a organização ou a combinação desses dois conjuntos de fatores (Giga et al., 2003).

Tabela 2.1 Contribuição de vários fatores para as 10 causas de mortes antes dos 70 anos, em percentagem

Fatores/Causa da Morte	Estilo de vida	Ambiente	Biologia	Outros
Doenças coronarianas	54	9	25	12
Câncer	37	24	29	10
Acidentes de carro	69	18	1	12
Outros Acidentes	51	31	3	14
AVC	50	22	21	7
Homicídio	63	35	2	0
Suicídio	60	35	2	3
Cirrose	70	9	18	3
Pneumonia/gripe	23	20	39	18
Diabetes	34	0	60	6
Médias	51	20	20	9

Fonte: Adaptado de Centers for Disease Control and Prevention.

Alimentação adequada ao ritmo de vida, controle do estresse, relacionamentos interpessoais, comportamentos preventivos às doenças sexualmente transmissíveis e ao uso de drogas, a adoção de rotinas que incluam a prática de atividades físicas formais e não formais estão entre os padrões que constituem o estilo de vida de uma pessoa saudável.

> Alimentação adequada ao ritmo de vida, controle do estresse, relacionamentos interpessoais, comportamentos preventivos às doenças sexualmente transmissíveis e ao uso de drogas, a adoção de rotinas que incluam a prática de atividades físicas formais e não formais estão entre os padrões que constituem o estilo de vida de uma pessoa saudável.

A prática de atividades físicas melhora a função cardiovascular e pulmonar, no volume e no tônus muscular, na melhoria da estabilidade e no equilíbrio corporal, no aumento da mobilidade articular, na expansão da irrigação periférica, na dissolução de coágulos, na diminuição da coagulação, na diminuição da pressão arterial, no controle dos perfis dos lipídios, no peso corporal (Mctiernan, 2000; Hitt, 2003; Pollock e Wilmore, 1993; Guyton, 1992). Entre os benefícios psíquicos e sociais, a atividade física contribui para o aumento da predisposição ao trabalho físico e mental, à diminuição do estresse, ao equilíbrio psicológico, à promoção da interação social, ao desenvolvimento da afetividade, à melhoria da integração social (Masters, LaCaille e Shearer, 2003; Weineck, 1991). Contudo, no geral, a observação do estilo de vida dos empregados ou trabalhadores de diversas categorias, em diversas organizações, sobretudo nas regiões metropolitanas, muitas vezes, levam a conclusões preocupantes quanto à manutenção de práticas saudáveis.

Produzir conhecimento para avançar a compreensão científica das relações estabelecidas entre estilo de vida, adoecimento e ambiente de trabalho tem se tornado premente. O problema adquiriu abrangência internacional, como demonstram Schaufeli e Buunk (2003). Citando apenas um exemplo, Gil-Monte (2002) relata que, na Espanha, a *síndrome de quemarse por el trabajo* (síndrome de *burnout*) adquiriu uma relevância especial. É notícia e objeto de contínuo debate nos meios de comunicação. São recorrentes os argumentos sobre a necessidade de reconhecer o fenômeno como enfermidade profissional e sobre a importância que tem sua prevenção e tratamento. No dia 26 de outubro de 2000, foi expedida uma sentença pelo Tribunal Supremo, Sala de lo Social, que reconhece a síndrome como doença laboral.

> A atividade física contribui para o aumento da predisposição ao trabalho físico e mental, à diminuição do estresse, ao equilíbrio psicológico, à promoção da interação social, ao desenvolvimento da afetividade, à melhoria da integração social.

No Chile, a realidade não é a mesma; ao contrário, o estresse laboral e suas manifestações associadas não aparecem explícitas na Lei 16.744 de Acidentes do Trabalho e Enfermidades Profissionais (Asociación Chilena de Seguridad, 2002). A Lei, em seu Artigo 7º, define como enfermidade profissional aquela "causada de uma maneira direta pelo exercício da profissão ou trabalho que uma pessoa realiza e que lhe produza incapacidade ou morte". Logo, a partir do Decreto Supremo Número 109, são estabelecidas as bases para regulamentar a qualificação e avaliação dos acidentes de trabalho e enfermidades profissionais. De outra parte, em seu Artigo 16º, a lei estabelece que, para que uma enfermidade seja considerada profissional, "é indispensável que tenha tido, em sua origem, trabalhos que tenham como intrínsecos o risco respectivo, mesmo quando os riscos não estejam presentes na época do diagnóstico". Adicionalmente, no Item 13 do Artigo 19º, especifica-se como enfermidade as "neuroses profissionais incapacitantes" e, como risco, "todos os trabalhos que exponham a risco de tensão psicológica e que se comprove relação de causa e efeito" (Asociación Chilena de Seguridad, 2002). Como argumenta Trucco (2004, p. 187):

> [...] o estresse laboral poderia ter pertinência ao conceito de tensão psíquica. Não obstante, um dos problemas fundamentais que obstaculiza que a condição de estresse seja reconhecida como enfermidade é a dificuldade da definição de cada caso, ao que se agrega a dificuldade para definir com maior precisão o conceito de tensão psíquica excessiva, que o Decreto Supremo N° 109 estabelece como fator de risco.

Trucco (2004, p. 188) acrescenta:

> [...] outro aspecto complexo e distintivo a respeito de outras enfermidades é que somente a informação proporcionada pelo paciente não basta para fazer o diagnóstico de neurose profissional. É necessário que se complemente com informações de outras fontes, incluindo os chefes, companheiros de trabalho, familiares e outros, e um estudo objetivo do posto e condições de trabalho.

Em síntese, e diferentemente de outras enfermidades profissionais para as quais a causa está claramente estabelecida quanto à exposição, nem o estresse por razões de natureza laboral, nem outros tipos de enfermidades estão contempladas como enfermidades profissionais no marco jurídico chileno. Não devemos, contudo, deixar de reconhecer que, pelos esforços de investigação que existem, apesar de precários, os conhecimentos vêm sendo incrementados nas últimas décadas.

O estudo do estresse numa perspectiva psicológica, centrado nas alterações da cognição e da afetividade e tendo em conta, sem dúvida, as alterações fisiológicas que acompanham esse processo, envolve uma rede complexa de variáveis. O que pode ser visto por muitos dirigentes como produtividade, para o trabalhador pode significar excesso de demandas ou pressões. A busca do equilíbrio entre as necessidades, expectativas e recursos que o trabalhador possui e as necessidades, expectativas e demandas da organização tem sido um desafio para a Humanidade. O desgaste físico e emocional está na base de problemas de saúde crônicos: insônia, dores de cabeça, pressão alta, úlcera e maior suscetibilidade a gripes e resfriados. Esse desgaste é definido como perda da capacidade psicológica e biológica, num processo conjunto. Existem, contudo, dificuldades metodológicas para a sua avaliação, devido às manifestações difusas dos sintomas (França e Rodrigues, 1999; Maslach e Leiter, 1999; Arantes e Vieira, 2002).

> A busca do equilíbrio entre as necessidades, expectativas e recursos que o trabalhador possui e as necessidades, expectativas e demandas da organização tem sido um desafio para a Humanidade.

Autores como Maslach e Leiter (1999) e Lipp (2005), na busca de compreensão do adoecimento pelo desgaste físico e emocional, identificam fatores em multideterminação localizados no ambiente de trabalho. O desgaste físico e emocional é um processo gradual de enfraquecimento, corroborado claramente por exigências do trabalho que afetam o indivíduo. Fatores relativos à biografia pessoal e profissional (valores, carreira, papéis e outros), fatores organizacionais (estrutura, estratégia, tecnologia e outros), fatores institucionais (aspectos éticos e culturais), políticas governamentais e fatores de ordem mundial estão associados ao desencadeamento das doenças do trabalhador. Carlotto (2002), em estudo sobre *burnout*, reconhece que o fenômeno é complexo e multidimensional, resultante da interação entre aspectos individuais e do ambiente de trabalho. Benevides-Pereira (2002) também deixa claro que o desenvolvimento da síndrome de *burnout* está associado a variáveis sociais, organizacionais e do trabalho executado.

> O desgaste físico e emocional é um processo gradual de enfraquecimento, corroborado claramente por exigências do trabalho que afetam o indivíduo.

Se no trabalho passamos a maior parte de nossas vidas, é da qualidade de suas condições que decorre uma vida melhor; provavelmente, mais longa e feliz. Felicidade, no sentido aqui utilizado, significa bem mais que disposição física ou manter-se livre de doenças. Significa percepção de bem-estar, o que tem a ver com a qualidade das interações vivenciadas e a assimilação do trabalho como uma fonte de prazer – algo que se deseja e se quer renovado. O bem-estar só é possível se as interações humanas no ambiente estiverem sustentadas em pressupostos de convivência com respeito mútuo, compromisso e contribuição para a saúde e qualidade de vida da coletividade organizacional. Porém, devido às mudanças fundamentais que estão ocorrendo no mundo do trabalho e na natureza dos empregos, em inúmeros segmentos de atuação empregatícia, a realidade apresenta características adversas. O colapso da união entre os profissionais tem fragmentado as relações pessoais. Situações de conflito, intrapessoal ou do indivíduo com seu ambiente, produzem transtornos funcionais. Se os conflitos são repetidos e persistentes, podem levar a lesões orgânicas e a complicações decorrentes. Evidenciam, assim, a dimensão psicossocial no processo de adoecimento. A definição de fatores psicossociais que é encontrada no International Labour Office (citado por Pinheiro, Tróccoli e Paz, 2002) diz respeito à interação entre os aspectos do ambiente de trabalho (ou externos a ele) e características do indivíduo, relacionadas a efeitos sobre a saúde e o desempenho.

> O bem-estar só é possível se as interações humanas no ambiente estiverem sustentadas em pressupostos de convivência com respeito mútuo, compromisso e contribuição para a saúde e qualidade de vida da coletividade organizacional.

Os conflitos interpessoais não resolvidos afetam o grupo, que despenderá energia na tentativa de resolução dos problemas ou, como é frequente nos convívios marcados por imaturidade, formará uma rede de intrigas. Essa energia poderia ser utilizada na busca de produtividade e manutenção de relações gratificantes. Maslach e Leiter (1999) demonstram que a fadiga, a raiva e a atitude de indiferença dos trabalhadores são sinais de uma disfunção importante no ambiente das organizações e, portanto, revelam mais sobre o local de trabalho do que sobre os que nele trabalham. Argumentam, ainda, que as causas do desgaste localizadas no ambiente de

> Os conflitos interpessoais não resolvidos afetam o grupo, que despenderá energia na tentativa de resolução dos problemas ou, como é frequente nos convívios marcados por imaturidade, formará uma rede de intrigas.

trabalho têm suas origens em seis pontos de desequilíbrio: excesso de trabalho, falta de controle, remuneração insuficiente, colapso da união, ausência de equidade e valores conflitantes.

> As causas do desgaste localizadas no ambiente de trabalho têm suas origens em seis pontos de desequilíbrio: excesso de trabalho, falta de controle, remuneração insuficiente, colapso da união, ausência de equidade e valores conflitantes.

Outro fator de grande relevância a ser considerado no fenômeno do estresse no trabalho é a percepção de justiça/injustiça organizacional. Assmar e Ferreira (2008) demonstram, com base na literatura especializada, que há três tendências principais na teoria e pesquisa sobre o conceito de justiça organizacional: (a) justiça distributiva, (b) justiça processual e (c) justiça interacional. A percepção que o empregado mantém do grau de justiça envolvido na distribuição dos recursos organizacionais recebidos (promoção, salários, sanções disciplinares, prêmios, etc.), frente ao esforço e dedicação que investe no trabalho, constitui-se na dimensão da justiça distributiva e pode afetar o nível de satisfação no trabalho e de estresse. A justiça processual, que também pode se tornar um fator de estresse, está vinculada ao nível de justiça/injustiça percebida nos meios ou procedimentos formais que norteiam a tomada das decisões empresariais. Igualmente estressante pode ser a percepção da injustiça interacional, ligada à ênfase nos aspectos sociais das relações entre os gestores e supervisores e os empregados envolvidos na decisão. Isto é, envolve a qualidade das relações interpessoais e da comunicação entre os vários níveis hierárquicos, que é afetada pelo respeito, honestidade, passagem de informações necessárias e as justificativas das decisões tomadas. A injustiça pode contribuir para o desencadeamento do estresse emocional no trabalhador porque o leva a ter dúvidas quanto à sua capacidade de enfrentar a situação de forma adequada e, portanto, à percepção de uma luta perdida.

Nas últimas duas décadas, as dificuldades de conciliação entre as exigências familiares e as do trabalho têm sido apontadas como um fator com interferência negativa no estresse e bem-estar dos trabalhadores. De um modo muito consistente, a literatura tem mostrado que as interferências do trabalho na família têm múltiplas consequências negativas para os indivíduos, para o seu trabalho e para as suas fa-

> De um modo muito consistente, a literatura tem mostrado que as interferências do trabalho na família têm múltiplas consequências negativas para os indivíduos, para o seu trabalho e para as suas famílias.

mílias (Bellavia e Frone, 2005; Eby et al., 2005; Frone, 2003; Greenhaus, Allen e Spector, 2006). Os trabalhadores que vivem essas interferências entre o desempenho do seu papel no trabalho e na família apresentam os piores níveis de bem-estar e de saúde, quer em nível físico, quer psicológico (Allen et al., 2000; Greenhaus, Allen e Spector, 2006). Concretamente, tem sido demonstrada, em relação a saúde e ao bem-estar físico, a influência positiva dessa interferência nos níveis de pressão arterial, de colesterol, de problemas gerais de saúde física e da adoção de comportamentos pouco saudáveis, como exemplos: dependência de substâncias, utilização extensiva de medicamentos, abuso de álcool e tabaco. No nível da saúde e do bem-estar psicológicos, tem sido observada a influência positiva da interferência do trabalho na família, na depressão, na ansiedade e na pressão psicológica, e a influência negativa dessa interferência nos níveis de satisfação geral com a vida. Num estudo recente, no qual se incluíram dados de 20 países europeus, é possível confirmar que a interferência do trabalho na vida familiar tem influência nos níveis de bem-estar subjetivo e, como esperado, as dificuldades em conciliar os papéis no trabalho e na família diminuem o bem-estar (Chambel, 2007). Por outro lado, o excesso de trabalho tem sido destacado como variável indutora das interferências negativas entre o trabalho e a família, sendo a sua influência mais acentuada quando as pessoas trabalham mais horas (Carlson e Perrewe, 1999; Nielson, Carlson e Lankau, 2001). Sendo o tempo um recurso finito e não recuperável, pode ser considerado o ponto de partida para compreender as questões da interferência entre o trabalho e a família, porque quando ficamos trabalhando por muito tempo, deixamos de ter tempo para estar com a família (Jacobs e Gerson, 2001). De fato, o tempo dedicado ao trabalho tem se revelado uma variável com influência positiva na interferência do trabalho na família (Dex e Bond, 2005; Duxbury, Higginns e Lee, 1994; Gutek, Searle e Klepa, 1991; Major, Klein e Ehrhart, 2002). O mesmo acontece com o envolvimento, sendo os colaboradores mais envolvidos os que referem ter níveis mais elevados de interferências negativas (Carlson e Perrewe, 1999; Parasurman e Simmers, 2001).

No estudo anteriormente referido (Chambel, 2008) também foi verificado que a dedicação ao trabalho, nomeadamente ter muito trabalho e passar muito tempo no trabalho, tem consequências negativas para a capacidade das pessoas em conciliar as exigências do seu trabalho com as exigências da sua família, porque quando o cumprimento do papel de trabalhador obriga a consumir muito tempo, torna difícil o cumprimento do seu papel familiar. Em Portugal, como em todos os países europeus, independentemente do seu nível de desenvolvimento e do seu rendimento familiar, os indivíduos que mais se dedicam ao seu trabalho são também os que mais sentem interferência deste papel na sua vida familiar.

Constata-se, portanto, que o excesso de trabalho e o número de horas passadas trabalhando constituem fatores cruciais que devem ser considerados para compreender os níveis de estresse e bem-estar dos trabalhadores, assim como para intervir na sua promoção. Passar muitas horas trabalhando, tem não só uma interferência direta na vida dos trabalhadores, como também a sua interferência surge de forma mediada, por meio da influência na capacidade de conciliação entre a vida profissional e familiar. Tal realidade obriga-nos a refletir sobre a tendência atual em considerar que a eficácia das organizações está dependente do envolvimento dos seus trabalhadores (Cotton, 1993; Hyman e Mason, 1995; Lawler III, 1992; Pfeffer, 1994). Se parece ser indiscutível que face às exigências atuais, os resultados organizacionais estão dependentes da sua capacidade para estabelecer uma relação socioafetiva com os seus colaboradores (Meyer e Allen, 1997; Rousseau, 1995), esta relação não pode, nem deve, implicar excesso de trabalho. De fato, o que se passa hoje, é que as organizações tendem a confundir esse envolvimento afetivo com o número de horas de trabalho, assim como o número de horas de trabalho com eficácia. De um modo geral, nas organizações considera-se que o trabalhador mais envolvido com a organização e com maior capacidade é aquele que não tem limite de horas para trabalhar (Landers, Rebitz e Taylor, 1996). Assim como o trabalhador ideal é aquele que não só cumpre as tarefas que lhe estão destinadas como tem a iniciativa de, sempre que necessário, trabalhar no fim de semana ou fora do horário de trabalho (Bolino e Turnley, 2005). Popularmente, a organização eficaz é aquela que desenvolve uma cultura que valoriza o número de horas que as pessoas passam no trabalho (Fried, 1998; Hochschild, 1997) e pressupõe que quanto mais horas de trabalho forem realizadas

> O excesso de trabalho e o número de horas passadas a trabalhar constituem fatores cruciais que devem ser considerados para compreender os níveis de estresse e bem-estar dos trabalhadores, assim como para intervir na sua promoção.

pelos seus colaboradores, maior será sua eficácia, exigindo, por isso, cada vez mais horas de trabalho (Brett e Stroch, 2003).

Parece urgente que os diferentes países e as suas entidades empregadoras encontrem práticas de trabalho que promovam o envolvimento e a relação afetiva entre os seus trabalhadores e as organizações, as quais permitam obter atitudes e comportamentos que facilitem o desempenho organizacional, mas não impliquem elevada dedicação; nomeadamente, muitas horas de trabalho.

No âmbito interno das organizações, fatores associados ao estresse podem ser expressos, dependendo da forma de encarar as interações humanas, como responsabilidade dos gestores da organização, do empregado ou de ambos. De qualquer maneira, as consequências do desgaste acabam afetando, é claro, não apenas o empregado e sua família, mas atingem também as demais pessoas na organização. Em muitos casos, mais que mudanças no indivíduo, o que é necessário são mudanças no local de trabalho – especificamente, na perspectiva psicossocial, nos valores básicos ali predominantes. Por sua vez, a pessoa traz consigo valores transmitidos por outros grupos, transmitidos no processo de socialização, e poderá entrar em conflito com os valores que as coalizões de poder instituem.

> No âmbito interno das organizações, fatores associados ao estresse podem ser expressos, dependendo da forma de encarar as interações humanas, como responsabilidade dos gestores da organização, do empregado ou de ambos.

Aspectos das políticas organizacionais e da gestão de pessoas podem ser detectados como facilitadores ou dificultadores da saúde e qualidade de vida. Procedimentos administrativos podem viabilizar, ou não, o aprendizado da participação e reforçar ações participativas e busca de autonomia, em contextos pautados pela abertura, transparência e diálogo, em que a comunicação flui com base no respeito e as relações interpessoais são íntegras e transparentes. Nas chamadas novas propostas de gestão, posições gerenciais mal preparadas ou formações imaturas, sob o pretexto de aumentar a participação, acabam delegando apenas os problemas, sem prestar auxílio para solucioná-los. Competências interpessoais são deixadas de lado em favor de habilidades técnicas ou econômicas. As posições gerenciais

> Aspectos das políticas organizacionais e da gestão de pessoas podem ser detectados como facilitadores ou dificultadores da saúde e qualidade de vida.

ficam comprimidas entre as exigências da administração central e as necessidades dos empregados. Muitas vezes os valores humanos são relegados, priorizando-se rendimentos econômicos. Na organização baseada em pressupostos de valorização dos aspectos humanos no ambiente de trabalho são estabelecidas políticas de responsabilidade pela manutenção da saúde e do bem-estar de toda comunidade organizacional.

Outro aspecto que deve ser enfatizado é o que se refere aos valores organizacionais e sua relação com o estresse dos trabalhadores. Tamayo (2008, p. 542) enfatiza que os valores constituem o componente essencial da identidade organizacional e refere que "a organização escolhe os seus valores desde os alvores da sua existência, desde o momento mesmo da sua fundação". Portanto, os valores organizacionais são baseados naqueles de seus fundadores. A aceitação dos valores organizacionais por parte dos trabalhadores é essencial para a consolidação da cultura. Quando existe incompatibilidade entre os valores pessoais e os organizacionais, as condições para o estresse emocional podem ser favorecidas.

> Na organização baseada em pressupostos de valorização dos aspectos humanos no ambiente de trabalho são estabelecidas políticas de responsabilidade pela manutenção da saúde e do bem-estar de toda comunidade organizacional.

Em grande medida, a prevenção de doenças, a promoção da qualidade de vida e a preservação da saúde são intransferíveis e fazem parte da responsabilidade pessoal – isso está vinculado à adoção de hábitos saudáveis de vida no plano individual – mas depende fundamentalmente das condições ambientais em que a pessoa vive; portanto, não apenas no local de trabalho. Contudo, no ambiente da organização podem ser encontrados agentes estressantes que colocam em risco a saúde. Nessas condições, será mais provável um desgaste físico e emocional, com um custo alto para o ser humano e, também, para as organizações de trabalho. A intensidade e frequência dos agentes estressantes, somados à debilidade de enfrentamento do indivíduo, podem produzir alterações orgânicas, manifestas pelo organismo em busca de regulação. É preciso considerar, ainda, que o ambiente estressor tem consequências variáveis entre indivíduos. Em parte, é o resultado da avaliação que uma pessoa faz dos estímulos percebidos na relação particular entre o seu ambiente de trabalho e as circunstâncias às quais está submetida (França e Rodrigues, 1999; Arantes e Vieira, 2002). Uma avaliação secundária está relacionada a como o indivíduo dimensiona seus recursos e habilidades ao confrontar uma demanda. Essa é a argumentação de teóricos como Lazarus e Folkman (1986), Folkman e colaboradores (1986) e Folkman e Lazarus (1988).

Pessoas conscientes das regras e responsabilidades, informadas das estratégias e dos objetivos da organização, das limitações e oportunidades do mercado, trabalhando com entusiasmo e com possibilidades concretas de criar, constroem um ambiente de crenças e valores que instiga a obtenção de resultados, mas também torna possível a saúde e a qualidade de vida (Zanelli e Silva, 1997). Novamente, o que está na base do fenômeno é a cultura estabelecida na organização. Em outras palavras, os pressupostos da cultura também estão ligados à saúde e qualidade de vida da comunidade organizacional. No entanto, tornaram-se comuns os ambientes em que é difícil conciliar o trabalho e a vida pessoal. A esfera familiar tem sido, muitas vezes, prejudicada no embate com as exigências de trabalho, redundando em fracassos no casamento e dificuldades nas relações entre pais e filhos. O desrespeito interpessoal e a convivência depreciativa no convívio do trabalho induzem reproduzir em casa os valores que predominam nas organizações. Por sua vez, as dificuldades na vida familiar acabam interferindo no desempenho profissional. Completa-se o círculo vicioso: aumenta o nível de tensão e desgaste emocional.

> Os pressupostos da cultura também estão ligados à saúde e qualidade de vida da comunidade organizacional.

Como exemplo, em pesquisa realizada por Benevides-Pereira (2002) com uma amostra de médicos, 43,9% revelaram sentir que as atividades que desempenham exigem mais tempo do que podem fazer em um dia de trabalho, algumas vezes por semana (excesso de trabalho). Esse agente estressor é identificado como pressão no ambiente de trabalho, em função de demandas acima das condições efetivas para um bom atendimento, assim como os plantões e as longas jornadas de trabalho. Há evidências de que os profissionais da área da saúde distanciam-se e passam a negar sentimentos e sensações com o objetivo de se defender de relações perturbadoras e ambiguidades não compreendidas, relativas à situação ocupacional e à sua própria vida (Pitta, 1991).

> O desrespeito interpessoal e a convivência depreciativa no convívio do trabalho induzem reproduzir em casa os valores que predominam nas organizações.

Muito mais que tratar doenças, é preciso promover a saúde, utilizando estratégias efetivas de informação aos indivíduos, por meio de processos educativos e desenvolvimento do autocontrole. O estilo de vida, as disposições hereditárias e as condições favoráveis do ambiente em que se vive são os principais responsáveis por uma vida saudável. O controle da própria vida e o prazer de viver são elementos de ordem psicológica primordiais nesse processo. A saúde está vinculada a uma adaptação ativa à realidade e à possibilidade de apropriação das ações. Qualidade de vida implica satisfação das necessidades e expectativas. Ambas têm bases nas relações interpessoais, no exercício do poder, no encaminhamento dos conflitos, na cooperação e nas possibilidades de aprendizagem e desenvolvimento pessoal.

> O estilo de vida, as disposições hereditárias e as condições favoráveis do ambiente em que se vive são os principais responsáveis por uma vida saudável.

Saúde e ambiente de trabalho constituem conjuntos de variáveis interdependentes. Para algumas organizações, a promoção da saúde e da qualidade de vida de seus empregados tem se tornado preocupação constante. Isso envolve assuntos como: redução de hábitos sedentários, cuidados com a saúde cardiovascular, alimentação adequada, equilíbrio das esferas de vida, boa qualidade dos relacionamentos, entre outros. Além disso, valores gerenciais voltados para a saúde, condições de autonomia e amadurecimento são componentes relevantes nesse processo. Parece evidente que essas circunstâncias precisam ser reconhecidas pelos profissionais especializados e pelos gestores preocupados com as manifestações do estresse em trabalhadores, sobretudo as que permitem antecipar danos à saúde individual e coletiva.

Como alguns autores têm argumentado, os indivíduos agem dentro das melhores possibilidades de relações disponíveis, e isso, em grande medida, define sua própria situação pessoal. A relação com os outros não está isenta, portanto, de períodos conflitivos, de situações de crises nas quais o papel que desempenham os demais é fundamental para a possibilidade de recuperar uma certa normalidade (Vera e Wood, 1994). Nesse

> A relação com os outros não está isenta, portanto, de períodos conflitivos, de situações de crises nas quais o papel que desempenham os demais é fundamental para a possibilidade de recuperar uma certa normalidade.

sentido, o mundo do trabalho não se exime como contexto de interação social, de relação com os outros e de construção da realidade.

A forte influência do desenvolvimento das diferentes realidades às quais está exposto o ser humano e suas formas de organização têm convertido boa parte dos processos produtivos e de desenvolvimento das sociedades modernas e pós-industriais em problemáticas no âmbito da saúde, incluindo-se a saúde mental ou ajuste psicológico, ambos indicadores de qualidade de vida em geral e, por consequência, também da qualidade de vida no trabalho (Vera e Machuca, 2001).

Parafraseando Páez (1986), as concepções que prevalecem em torno do ajuste psicológico ou da saúde mental podem estar situadas em pelo menos duas grandes perspectivas. Na primeira, é possível entendê-la em uma vertente negativa, de déficit ou incapacitação, na qual as necessidades de saúde mental decorrem da magnitude em que um transtorno psicológico está presente na população (prevalência) ou, então, decorrem da quantidade de pessoas que tem começado a sofrer uma enfermidade mental (incidência) no decurso de um tempo. A segunda, denominada positiva, tem o propósito de valorizar as necessidades de bem-estar da população. É característica dessa perspectiva não centrar-se apenas na percepção subjetiva de mal-estar psicológico, em que se denota a saúde mental como um fenômeno definido pela presença ou ausência de sintomas ou enfermidades que causam incapacitação, mas que também está centrada em aspectos como as emoções positivas ou afetividade positiva (Páez, 1986).

Então, é possível afirmar que, embora a presença de sintomas seja considerada uma condição necessária para a definição da saúde mental, não é uma condição suficiente para se constituir no determinante da mesma. Por sua vez, nessa perspectiva, afirma-se que a maioria dos sintomas de transtorno mental não tem uma característica intrínseca e é uma resposta aos problemas que surgem na dinâmica dos diferentes contextos sociais de convivência e evoluem com as mudanças deles. Ainda que a presença e a intensidade dos sintomas constituam fatores importantes, dado que a maioria tem um caráter mediador, o fundamental são as trocas que são realizadas entre o sujeito, sua problemática, seus recursos e o que o cerca (Páez et al., 1989; Vera e Wood, 1994).

> A maioria dos sintomas de transtorno mental não tem uma característica intrínseca e é uma resposta aos problemas que surgem na dinâmica dos diferentes contextos sociais de convivência e evoluem com as mudanças deles.

Cada vez se discute menos o caráter socialmente construído da saúde mental, da saúde física e da qualidade de vida. Embora existam muitas teorizações e tentativas de sistematização dos defensores desses estudos, ainda não existe um consenso. Não obstante, desde uma perspectiva da Psicologia Sociocognitiva, é possível situar esses fenômenos na linha do que argumenta Páez e Echebarria (1989, p. 11) quando definem a saúde mental como:

> [...] um atributo individual em sua forma de existência (como existe apenas nos indivíduos e não como realidade psíquica supraindividual), mas social em sua origem (um produto dos fatores psicossociais e sociais como os eventos vitais, estresse psicossocial, as redes sociais de apoio e as formas de enfrentamento, além da estrutura social em um sentido amplo), social em suas funções (um estado emocional de equilíbrio positivo tem efeitos adaptativos, individuais e sociais) e social em seu conteúdo (por que está formada pela internalização das relações sociais e avaliações sociais).

Essa abordagem tem importantes implicações para a compreensão e o desenvolvimento de intervenções relativas ao tema estudado. Por um lado, nos situa em termos concretos e operacionais frente ao fenômeno (origem, funções e conteúdo); por outro, nos situa em uma perspectiva que considera o âmbito coletivo e sociocultural, sobreposto ao indivíduo, sem torná-lo ilegítimo e insistindo na construção social dos mundos do mal-estar e bem-estar, de uma precária qualidade de vida e de uma boa qualidade de vida.

Teorias e procedimentos de intervenção no ambiente de trabalho [3]

O estresse vem sendo discutido ao longo do último século. São bastante conhecidos os trabalhos de Hans Selye que, a partir da década de 1930, sistematizou o conceito com maior precisão, em torno da ideia de manifestações fisiológicas variadas, mas sem causas claramente definidas. O estresse é amplamente compreendido como uma necessidade de adaptação ou ajustamento de um organismo frente às pressões que o ambiente impõe.

> O estresse é amplamente compreendido como uma necessidade de adaptação ou ajustamento de um organismo frente às pressões que o ambiente impõe.

Codo, Soratto e Vasques-Menezes (2004) apresentam uma síntese das principais teorias sobre trabalho em estudos que têm como foco a saúde do trabalhador. Dividem as perspectivas em três grandes vertentes: os estudos do estresse, a psicodinâmica do trabalho e a abordagem epidemiológica. Na primeira, a concepção de ser humano é a de um ser que deve estar em equilíbrio com a natureza na segunda, a libido é a força principal na organização do ser a partir da primeira infância e, na terceira, o ser é fundamentalmente psicossocial e tem no trabalho a força principal na multideterminação das relações com os outros, com a natureza e consigo mesmo. Essas perspectivas implicam, respectivamente, concepções de saúde derivadas de uma diminuição dos conflitos no trabalho, da possibilidade de sublimação por meio do trabalho e, por último, da apropriação do controle das transformações que ocorrem por meio do trabalho.

Dois tipos básicos de programas de atenção à saúde do trabalhador podem ser desenvolvidos. Um, centrado nas manifestações da pessoa, visando a aprendizagem, por parte do trabalhador, de estratégias de enfrentamento das condições ou dos agentes estressantes, procurando recuperar e prevenir respostas negativas associadas aos efeitos do estresse. No outro tipo, os programas são focados no contexto de trabalho, do grupo e da organização. Procuram, portanto, modificar a situação em que se desenvolvem as atividades e os aspectos da estrutura, das políticas e das estratégias organizacionais e de gestão. Têm como objetivo modificar, de modo integrado, as condições ocupacionais, a percepção do trabalhador e a habilidade de enfrentamento nas situações de estresse (Garrosa-Hernández et al., 2002). Dependendo do estágio de agravamento da situação e das manifestações pessoais, intervenções no nível individual somadas às intervenções no nível grupal e organizacional potencializam as possibilidades de êxito (Maslach e Leiter, 1999; Schaufeli e Buunk, 2003).

> Dependendo do estágio de agravamento da situação e das manifestações pessoais, intervenções no nível individual somadas às intervenções no nível grupal e organizacional potencializam as possibilidades de êxito.

Uma outra maneira de conceitualizar os tipos de intervenção é classificá-las em primária, secundária e terciária. A primária é aquela que tenta mudar os estressores organizacionais presentes no trabalho. São exemplos desse tipo de intervenção: redefinição de tarefas (Bond e Bunce, 2000), modificação do ambiente ergonômico, outorga ao trabalhador de maior poder de decisão e autoridade, oferecimento de horários flexíveis, entre outros. Na prevenção secundária, há uma tentativa de aliviar a intensidade da sintomatologia do estresse presente antes que doenças se manifestem (Murphy e Sauter, 2003). Já a prevenção terciária é caracterizada pelo tratamento das doenças que tem em sua gênese a contribuição do estresse e que já se manifestaram. Isso é feito, em geral, pelo encaminhamento dos trabalhadores afetados a profissionais da área da saúde física ou mental (Arthur, 2000). Giga e colaboradores (2003) defendem que a maioria dos programas na área do manejo do estresse, por eles analisados, se enquadram no tipo de prevenção secundária, em que técnicas de *coping* são repassadas para o trabalhador sujeito a níveis altos de estresse ocupacional.

É pressuposto que o estresse no ambiente de trabalho é identificável e pode ser controlado, tanto como outros fatores de risco à saúde e integridade física do trabalhador. Ausência ou redução de autonomia, ambiente físico precário, sobrecarga de trabalho ou exigências aquém das qualificações, tarefas repetitivas ou sem sentido, papéis indefinidos ou ambíguos,

> O estresse no ambiente de trabalho é identificável e pode ser controlado, tanto como outros fatores de risco à saúde e integridade física do trabalhador.

conflitos interpessoais, desajustes entre o trabalhador e a administração, trabalhos constantemente transferidos para o ambiente do lar, insatisfações, inseguranças e falta de perspectivas de carreira estão entre os aspectos do ambiente de trabalho que podem prejudicar a saúde do trabalhador. A busca por procedimentos de comunicação claros, construção do desempenho individual e coletivo e descrições precisas de trabalho podem ser realizadas no nível estrutural. Trabalhadores que exibem sintomas de desgaste podem receber atenção imediata e são sinalizadores da necessidade de intervenções. O estabelecimento de um programa de intervenção nos âmbitos decisórios é, sem dúvida, o mais relevante, pelo seu caráter eminentemente preventivo. Pode ocorrer, também, a necessidade de intervenção em grupos menores, justificada pela premência de soluções para um ou alguns setores.

> O estabelecimento de um programa de intervenção nos âmbitos decisórios é, sem dúvida, o mais relevante, pelo seu caráter eminentemente preventivo.

Procedimentos de intervenção são efetuados para ajudar indivíduos a enfrentar mais efetivamente o estresse. Em geral, incluem cuidados com a ingestão de alimentos, exercícios físicos, elaborações cognitivas, treino de assertividade, treino de relaxamento e outros. As intervenções em grupos visam ajudar os trabalhadores a desenvolver maior suporte social tanto no trabalho como em outros ambientes de convívio. Podem incluir treinamento do supervisor, treinamento da equipe, treinamento de sensibilização, aconselhamento familiar e outros. No nível organizacional, as intervenções melhoram as condições gerais de trabalho. Podem propor reduções nas condições de risco do ambiente físico, planos de carreira adequados, melhor uso da tecnologia e alterações ergonômicas, enriquecimento do trabalho e processos de decisão aprimorados.

As intervenções dirigidas aos indivíduos são as mais divulgadas (Ivancevich et al., 1990). No entanto, a prevalência dessas intervenções tem sido questionada, quer em termos éticos, quer em termos de eficácia. Em termos éticos, a crítica surge porque as intervenções colocam o problema de aumento de estresse ou diminuição de bem-estar em alguma incompetência das pessoas, isentando de responsabilidades os agentes organizacionais na construção das situações adversas vividas no contexto de trabalho. Em termos de eficácia, a crítica fundamenta-se no fato dessas intervenções não modificarem as condições de trabalho e, consequentemente, não promoverem o bem-estar ou diminuírem o estresse dos colaboradores porque, como vimos anteriormente, essas condições têm um relevo crucial para explicar os estados dos indivíduos no seu trabalho. Diversos autores têm referido que existe a necessidade de dirigirmos a intervenção de forma preponderante para as características organizacionais. Por exemplo, Quick e colaboradores (1992) e Luczak (1992) referiram que será preferível, no futuro, atuar de forma preventiva, evitando riscos para a saúde no contexto de trabalho, modificando as características do contexto organizacional que influenciam o estresse e o bem-estar dos colaboradores. Essas estratégias têm, aliás, maiores probabilidades de sucesso, dado que o contexto de trabalho é fonte de acontecimentos que influenciam o estresse e o bem-estar dos indivíduos e representam áreas nas quais as organizações podem empreender ações (Geller, Parsons e Mitchell, 1942). No entanto, podemos considerar que a atuação no contexto organizacional deve passar de forma complementar por intervenções individuais e organizacionais. Por um lado, em determinadas situações organizacionais, ou em determinadas profissões, podem estar presentes, inevitavelmente, características que desencadeiam estresse e diminuem o bem-estar, podendo essas intervenções individuais ajudar cada trabalhador a lidar com essas características ou diminuir os seus efeitos negativos. Por outro lado, sendo o estresse um fenômeno complexo que resulta não só das condições existentes, mas também da forma como cada indivíduo avalia ou enfrenta essas condições, as intervenções individuais e organizacionais assumem uma importância complementar.

> As intervenções dirigidas aos indivíduos são as mais divulgadas. No entanto, a prevalência dessas intervenções tem sido questionada, quer em termos éticos, quer em termos de eficácia.

> Sendo o estresse um fenômeno complexo que resulta não só das condições existentes, mas também da forma como cada indivíduo avalia ou enfrenta essas condições, as intervenções individuais e organizacionais assumem uma importância complementar.

Admitir os prejuízos que as condições de risco à saúde impõem ao ser humano e à organização é um passo preliminar e necessário para planejar e desenvolver as mudanças. Os agentes de um processo de intervenção visam identificar as principais características da organização e desenvolver procedimentos organizacionais e

> Admitir os prejuízos que as condições de risco à saúde impõem ao ser humano e à organização é um passo preliminar e necessário para planejar e desenvolver as mudanças.

individuais de mudança em busca de saúde no trabalho. A primeira etapa consiste em envolver a direção central da organização e, sempre que existirem, também os representantes do sindicato da categoria. É preciso que todos estejam cientes de que a mudança, para construir um ambiente de trabalho saudável, demanda um tempo que não se limita a semanas ou a alguns meses. É preciso esclarecer que a mudança inclui aumento de autonomia e controle da parte dos empregados, aumento nos níveis de competências, aumento nos níveis de suporte social (do supervisor e dos colegas), melhoria das condições físicas de trabalho, do uso saudável da tecnologia, dos horários, da segurança, no desenvolvimento de carreira e do fornecimento razoável de exigências de produtividade. Enfim, são ações para desenvolver nos empregados uma percepção de apoio e segurança no local de trabalho.

Uma boa maneira de desencadear o processo efetivo de mudança é planejar e executar um seminário sobre estresse no ambiente de trabalho. De algum modo, por meio do seminário será divulgada a preocupação em colocar em foco o assunto e as possíveis consequências do estresse na organização e seus participantes. Terá, também, um efeito educativo e servirá para colocar a linguagem sobre estresse em termos compartilhados.

> Uma boa maneira de desencadear o processo efetivo de mudança é planejar e executar um seminário sobre estresse no ambiente de trabalho.

Além disso, participantes podem ser identificados durante o seminário para auxiliar em atividades que serão desenvolvidas posteriormente.

O estabelecimento de um comitê de controle do estresse no ambiente de trabalho pode constituir a etapa seguinte. Esse comitê deve ter representantes dos diversos níveis e divisões da organização, incluindo pessoas com autoridade e poder de decisão. Outro elemento fundamental é a destinação de recursos adequados para a continuidade das atividades. Consultores especialistas devem fazer parte do comitê e auxiliar nos encaminhamentos e tomadas de decisões.

Pressupostos precedendo as teorias/pesquisas e as consequências [4]

Nas sínteses que podem ser observadas no Quadro 4.1, os pressupostos verbalizados como apoio às teorias e às pesquisas, entre os participantes deste estudo, nos quatro países, são vistos como em possível ou, mesmo, desejável integração. Alguns participantes referem fundamentos sociocognitivistas, socioconstrutivistas (C.1.1) ou cognitivo-comportamentais (B.1.1). Consideram também a necessidade de uma aproximação multidisciplinar, com forte componente biomédico (C.1.1) ou, conforme B.1.1, o suporte fisiológico de teorias baseadas em características personalógicas (características genéticas aliadas às práticas parentais). Outras sínteses revelam suposições das condições objetivas como desencadeadoras do estresse, em aproximação de base marxista (M.1.1), ou respaldadas na Psicologia das Organizações e na Psicologia Social (P.1.1). Essas suposições levam em conta variáveis associadas aos processos de mudança organizacional, para P.1.1, e não se restringem aos pressupostos do estresse reduzido a variáveis de natureza subjetiva ou de cunho idealista, para M.1.1.*

Nas sínteses do Quadro 4.1, no conjunto, é possível inferir possibilidades ou empenhos para conciliar pressupostos comportamentalistas, cognitivistas e construtivistas, aliados ao substrato fisiológico, na dimensão biomédica. Além disso, são considerados as condições objetivas que podem desencadear o estresse, em associação às variáveis de natureza subjetiva. Ou seja, o estresse é visto como resultante de aspectos do desenvolvimento de cada pessoa, na construção da subjetividade e em interação dinâmica com as condições do ambiente externo.

---

* As letras seguidas de números representam códigos atribuídos aos participantes da pesquisa.

> O estresse é visto como resultante de aspectos do desenvolvimento de cada pessoa, na construção da subjetividade e em interação dinâmica com as condições do ambiente externo.

Entre muitas definições de estresse, há mais de duas décadas, Lipp (1984, p. 6) o resumiu como "reação psicológica com componentes emocionais, físicos, mentais e químicos a determinados estímulos que irritam, amedrontam, excitam e/ou confundem a pessoa", deixando claro que há uma composição de variáveis, em diversas dimensões, que o influenciam. Como outros fenômenos psicológicos, variáveis de ordem comportamental, cognitiva, afetiva e fisiológica são consideradas como base para a compreensão dos eventos.

Quadro 4.1 Sínteses das verbalizações dos participantes deste estudo relativas aos Pressupostos

---
→ Pressupostos em duas perspectivas: (a) sociocognitivistas e socioconstrutivistas, (b) aproximação multidisciplinar, com um forte componente biomédico (C.1.1)
→ Modelos vinculados à realidade, que desenvolvem microteorias e mesclam variáveis, dimensões e conceitos (C.1.1)
→ Pressupostos cognitivo-comportamentais (B.1.1)
→ Teorias de suporte fisiológico e baseadas em características personalógicas (características genéticas aliadas às práticas parentais) (B.1.1)
→ Constatação empírica do estresse e ausência de bem-estar como variáveis associadas aos processos de mudança organizacional (P.1.1)
→ Pressupostos da Psicologia das Organizações e da Psicologia Social, que enfatizam variáveis do contexto organizacional e do trabalho, que não sobrepõem apenas no indivíduo a responsabilidade pelos próprios males e possibilitam gerenciar o estresse (P.1.1)
→ Pressupostos marxistas como prioritários para eliminar as condições de estresse e constituem a aproximação inicial (M.1.1)
→ Teorias de base idealistas (como as de Lazarus) são importantes e desafiam uma integração com as teorias de base marxista (M.1.1)

Descobertas de leis gerais do comportamento foram acumuladas nas teorias behavioristas ou comportamentais, sob forte influência de Skinner, durante muitas décadas do século XX, e utilizadas tanto na prática clínica como para o controle de ambientes, com vistas a adequar comportamentos produtivos. O conceito de condicionamento operante tem centralidade nos princípios descobertos em laboratório. Embora paralelo, é diferente do condicionamento reflexo ou respondente; ao operar no meio, o comportamento é seguido por consequências que afetam sua probabilidade futura

(Skinner, 1953). A interação do indivíduo com o ambiente externo ocorre em múltiplas ocasiões e se revela de muitas maneiras ou topografias comportamentais. Implica uma complexa rede de relações. Na análise do comportamento, essa complexidade transpõe simples relações entre respostas e estímulos, mas engloba "conjuntos de várias relações entrelaçadas, com componentes filogenéticos, ontogenéticos e culturais" (Tourinho, 2006, p. 4). De qualquer modo, as relações entre o que antecede a resposta, o evento e as consequências explicam o fenômeno comportamental que, nessa perspectiva, corresponde ao fenômeno psicológico em si.

O substrato biológico inerente ao ser humano faz parte de seu ambiente interno. É com esse substrato e sua história (desenvolvimento individual) que cada um lida com as situações cotidianas. Os fatores do ambiente externo que são percebidos como estressores, ou prejudiciais ao bem-estar, podem caracterizar o estresse patológico. É esse tipo de relação entre a pessoa e o ambiente que Lazarus e Folkman (1984), entre outros, denominam estresse. Nessa concepção, portanto, há uma avaliação cognitiva da situação para que o estresse patológico ocorra. Na perspectiva comportamental, por meio da aplicação de leis que enfatizam as relações do organismo com seus ambientes, busca-se a compreensão, previsão e controle de fenômenos como o estresse. Por sua vez, nas teorias cognitivistas, o pensamento, o afeto, o substrato biológico e o ambiente externo compõem variáveis entrelaçadas (Shaw e Segal, 1999; Shinohara, 1997). Padrões de respostas coerentes com a cultura do entorno ou padrões inusitados são vistos como manifestações de estruturas cognitivas e mediados por processos cognitivos, que são próprios de cada ocasião (Beck, 1963, 1964).

> As relações entre o que antecede a resposta, o evento e as consequências explicam o fenômeno comportamental que, nessa perspectiva, corresponde ao fenômeno psicológico em si.

Como subsistemas interconectados, percepções, cognições, afetos e variáveis fisiológicas produzem representações mentais com diferentes significados para diferentes pessoas. Na perspectiva socioconstrutivista, a realidade é percebida como construção única por parte de quem a experiencia. Vygotsky e Piaget estão na base das variadas teorias nessa perspectiva.

> Como subsistemas interconectados, percepções, cognições, afetos e variáveis fisiológicas produzem representações mentais com diferentes significados para diferentes pessoas.

As ações ou atividades humanas resultam da interação do indivíduo com os objetos e das relações interpessoais. As oportunidades ou situações que o ambiente externo propicia têm relevância crucial no desenvolvimento de cada um.

Enfim, as elaborações teóricas em torno de um fenômeno complexo como o estresse cresceram tanto que podem servir como referenciais explicativos para estudar o próprio processo saúde-doença. Embora difundido e utilizado amplamente entre as ciências e já integre a linguagem do senso comum, o conceito ainda não tem significado preciso. Desde a concepção original de Hans Selye (1936) como síndrome geral de adaptação até a magnitude revestida na sua pretensa capacidade de poder explicar os fatores determinantes de diversas patologias, parecem justificadas as tentativas de aproximações multidisciplinares para esclarecer variáveis em imbricada interdependência dos estímulos estressores, no âmbito endógeno e no âmbito exógeno. Nesse emaranhado, o trabalho e suas organizações constituem clara oportunidade para estudar e revelar variáveis desencadeantes do fenômeno.

> As elaborações teóricas em torno de um fenômeno complexo como o estresse cresceram tanto que podem servir como referenciais explicativos para estudar o próprio processo saúde-doença.

Teorias/pesquisas entre os pressupostos e as consequências [5]

Nas sínteses apresentadas no Quadro 5.1, há referências a teorias desde o pioneiro Hans Selye (três estágios do processo de estresse) (B.1.1) até outros autores que contribuíram para a compreensão do fenômeno, como Lazarus e Lazarus (B.1.1) e (M.1.1), Bradburn (C.1.1), Everly (B.1.1), Meichenbaum (B.1.1), Spielberger (B.1.1), Bandura (M.1.1) e Seligman (M.1.1). Os conceitos que foram progressivamente agregados passaram a destacar, entre outros aspectos: a interpretação dos eventos externos; o controle exógeno (aspectos psicossociais e físicos) e o controle endógeno (capacidades de enfrentamento); o balanceamento afetivo; a patofisiologia do estresse e tratamentos diferenciados; a autoeficácia e a autorregulação; o desamparo aprendido; o presenteísmo; o bem-estar subjetivo; o balanceamento trabalho-família; os efeitos negativos do trabalho (distresse, fadiga, *burnout*) e também dos aspectos positivos (entusiasmo, dedicação, *engagement*).

Os modelos, as perspectivas ou as aproximações teóricas citados abarcam Karasek (*Job Strain Model* – Modelo Demanda-Controle) – como um modelo simples e manuseável (P.1.1) (M.1.1); o Modelo de Hackman e Oldham – para reorganizar o trabalho e obter mais autonomia e mais motivação (P.1.1) e o Modelo de Schaufeli e colaboradores *(Job Demand-Resources)* – que tem raiz em Karasek, mas se amplia para incluir outras exigências e recursos específicos de cada profissão e realçando dois processos paralelos: um energético que liga as exigências ao estresse, ao *burnout* e à doença; e outro, motivacional, que liga os recursos ao *engagement*, ao envolvimento e à saúde (P.1.1). Além desses, o Modelo do Balanceamento Esforço-Recompensa (Siegrist) (C.1.1) e a formulação de Lipp do Modelo Quadrifásico do Estresse e do Treino Psicológico de Controle do Estresse, que combina aspectos desenvolvidos por vários autores (B.1.1). Ainda em relação aos modelos teóricos, o sujeito M.1.1 propõe a integração da Epidemiologia Social, Psicologia da Saúde e Psicologia Positiva e a integração das variáveis ambientais, do entorno psicossocial, com as variáveis pessoais, das diferenças individuais, levando em conta as condições de vida e as condições de trabalho como fontes do estresse primário. Isso para fazer frente aos modelos teóricos estrangeiros, com ênfase na relevância da cultura como variável moderadora fundamental na produção do estresse, assim como o trabalho em equipe e a orientação coletiva *versus* individual.

Quanto às pesquisas que vêm sendo realizadas nos quatro centros, nos quatro países, entre muitas outras são estudadas populações de mineiros e policiais (C.1.1), bombeiros, prestadores de serviços em agências de publicidade e em lojas comerciais (P.1.1). Esses estudos visam verificar como variáveis do contexto organizacional podem ser consideradas exigências e/ou recursos e sua influência no bem-estar desses trabalhadores e, no âmbito português, identificar os fatores que mais provocam estresse nesses profissionais; tanto quanto verificar como o funcionamento da equipe pode ser um fator atenuante do estresse e identificar as novas exigências impostas ao trabalhador nessa área de serviços e os recursos de que a organização ou as equipes necessitam para atenuá-las (P.1.1). Os procedimentos combinam recursos qualitativos e quantitativos, usando instrumentos como actigrafias e oximetrias (C.1.1) e procedimentos de entrevista, redes semânticas, observação participante, no âmbito da investigação-ação, mas também de instrumentos de modelos estruturais (M.1.1). Na interpretação de C.1.1, o predomínio tem sido de estudos transversais.

Dos pontos principais das sínteses do Quadro 5.1 decorrem autores de procedência teórica predominantemente cognitivo-comportamental (Lazarus e Lazarus, Bradbum, Everly, Meichenbaum, Spielberger, Bandura e Seligman), cujas contribuições conceituais parecem convergir. Os modelos teóricos englobam referenciais internacionais e preocupações próprias do local (país): Modelo de Karasek; Modelo de Schaufeli e equipe – *Job Demand Resources*; Modelo de Siegrist – Balanceamento Esforço-Recompensa; modelo de Lipp – Modelo Quadrifásico do Estresse. São modelos diretamente vinculados ao estresse e, de modo geral, à saúde do trabalhador. Nem sempre permitem cuidados de integração das variáveis em multiníveis. As nuances da dimensão cultural tampouco têm sido observadas no grau necessário. As populações estudadas são diversificadas e visam verificar desde vínculos do indivíduo com a organização até as novas exigências do mundo do trabalho. Os instrumentos utilizados nos quatro centros de pesquisa e intervenção parecem não privilegiar o uso de recursos qualitativos ou quantitativos, embora possa estar ocorrendo uma carência de estudos longitudinais.

Quadro 5.1. Sínteses das verbalizações dos participantes deste estudo relativas às Teorias/Pesquisas

→ Teoria do Balanceamento Afetivo de Bradbum *(Positive and Negative Afect)* (C.1.1)
→ Modelo do Balanceamento Esforço-Recompensa (Siegrist John) (C.1.1)
→ Conceito de presenteísmo, bem-estar subjetivo, balanceamento trabalho-família (C.1.1)
→ Procedimentos qualitativos e quantitativos (C.1.1)
→ Estudos em populações de mineiros e policiais (C.1.1)
→ Medições por actigrafias e oximetrias (C.1.1)
→ Predomínio de estudos transversais (C.1.1)

→ Teoria de George Everly (patofisiologia do estresse e tratamentos diferenciados) (B.1.1)
→ Teoria de Donald Meichenbaum (interpretação dos eventos externos) (B.1.1)
→ Teoria de Lazarus e Lazarus (a interpretação dos eventos externos é relativa) (B.1.1)
→ Teoria de Charles Spielberger (interpretação dos eventos externos, também relativa). (B.1.1)
→ Teoria de Hans Selye (três estágios do processo de estresse) (B.1.1)
→ Formulação de Lipp do Modelo Quadrifásico do Estresse e do Treino Psicológico de Controle do Estresse, que combina aspectos desenvolvidos por vários autores (B.1.1)

→ Modelo de Karasek – modelo simples e manuseável (P.1.1)
→ Modelo de Hackman e Oldhman – para reorganizar o trabalho e obter mais autonomia e mais motivação (P.1.1)
→ Modelo de Schaufeli e equipe (*Job Demand Resources*) – tem raiz em Karasek, mas se amplia para incluir variáveis da motivação, do bem-estar, do desenvolvimento pessoal, de aprendizagem e outras (P.1.1)
→ Pesquisas na dimensão do atendimento ao cliente – em face de mudanças no mundo do trabalho, buscam identificar as novas exigências impostas ao trabalhador nessa área de serviços e os recursos da organização ou das equipes para atenuar o estresse (P.1.1)
→ Pesquisas em agências de publicidade – buscam verificar como o funcionamento da equipe pode ser um fator atenuante do estresse (P.1.1)
→ Pesquisas com bombeiros – buscam verificar como variáveis do contrato psicológico influenciam como suporte para situações de elevado estresse e, em nível nacional, identificar os fatores que mais provocam estresse nesses profissionais (P.1.1)

→ Na perspectiva tradicional, uso da teoria de Lazarus, com os estilos de enfrentamento, e do conceito de autoeficácia de Bandura(M.1.1)
→ Perspectiva da epidemiologia social, considerando as condições de vida e as condições de trabalho como fontes do estresse primário (M.1.1)
→ Aproximação transacional, na qual são integradas as variáveis ambientais, do entorno psicossocial e as variáveis pessoais, das diferenças individuais (M.1.1)
→ Análise dos efeitos negativos do trabalho (estresse, fadiga, *burnout*), mas também dos aspectos positivos (entusiasmo, dedicação, *engagement*) (M.1.1)
→ Modelo que integra elementos da Epidemiologia Social, Psicologia da Saúde, Psicologia Positiva, do ser integral (M.1.1)
→ Conceitos de controle exógeno (aspectos psicossociais e ambientais) e de controle endógeno (capacidades de enfrentamento) e de autoeficácia (por exemplo, controle das emoções) e autorregulação (M.1.1)
→ Teoria do desamparo aprendido de Seligman (M.1.1)
→ Modelo de Demanda-Controle (M.1.1)
→ Embora os modelos teóricos sejam estrangeiros, destaca-se a cultura como variável moderadora fundamental na produção do estresse, assim como o trabalho em equipe, a orientação coletiva *versus* individual (M.1.1)
→ Utilização de procedimentos de entrevista, redes semânticas, observação participante, no âmbito da investigação-ação, mas também de instrumentos de modelos estruturais (M.1.1)

> Os instrumentos utilizados nos quatro centros de pesquisa e intervenção parecem não privilegiar o uso de recursos qualitativos ou quantitativos, embora possa estar ocorrendo uma carência de estudos longitudinais.

A variedade de autores e correntes que podem ser classificadas como de base cognitivo-comportamental – não se afastam de referências epistemológicas objetivistas, mas usam construtos mentais – têm em comum o pressuposto de que as emoções e os comportamentos estão interligados ao modo como a pessoa estrutura cognitivamente a realidade. De modo simples, isso significa que a "visão de mundo" da pessoa influencia seus pensamentos, sentimentos e ações.

Donald Meichenbaum está entre os psicólogos fundadores da chamada terapia cognitivo-comportamental, segundo a qual passou a ser muito relevante identificar e controlar as crenças que sustentam as estruturas cognitivas e que podem ser disfuncionais (Meichenbaum, 1994, 1996, 2001). Entre suas preocupações, a tentativa de integrar a pesquisa sobre o papel dos fatores cognitivos e afetivos no processo de enfrentamento (*coping*) com a emergente tecnologia da modificação cognitiva do comportamento (Meichenbaum, 1977). Outro autor de destaque nessa perspectiva é Richard Lazarus, que vem contribuindo para o entendimento dos processos em que indivíduos empregam esforços para lidar com as exigências impostas pelas situações de estresse e que sobrecarregam os seus recursos pessoais (Lazarus e Folkman, 1984). Posteriormente, com Bernice Lazarus, estuda o papel das emoções que experimentamos e o quanto estão associadas ao que nos interessa, nos processos em que nosso sentido de avaliação das coisas, dos acontecimentos e das pessoas é que lhes dá significado (Lazarus e Lazarus, 1994).

> A variedade de autores e correntes que podem ser classificadas como de base cognitivo-comportamental – não se afastam de referências epistemológicas objetivistas, mas usam construtos mentais – têm em comum o pressuposto de que as emoções e os comportamentos estão interligados ao modo como a pessoa estrutura cognitivamente a realidade.

Na década de 1960, Norman M. Bradburn contribuiu para o desenvolvimento de uma escala que foi utilizada em grande número de estudos dentro e fora dos ambientes de trabalho (Affect Balance Scale). Nesse período, publicou dois livros – *Reports of Happiness* e *The Structure of Psychological Well-being* – que vêm influenciando pesquisadores de algum modo interessados pela temática ampla da saúde humana no trabalho (Bradburn e Caplovits, 1965; Bradburn, 1969). George Everly, por sua vez, é um pesquisador de produção respeitada em torno do estresse pós-traumático. Está entre os autores que propõem uma subárea denominada Psicotraumatologia, o estudo dos processos e fatores que permanecem como antecedentes, concomitantes e subsequentes à ocorrência do trauma. Considera o fenômeno a mais severa e incapacitável forma conhecida de estresse humano (Everly e Lating, 1995, p. 4). Enquanto isso, Charles Spielberger desenvolveu o Inventário de Ansiedade Traço-Estado (IDATE) e o Inventário de Expressão de Raiva como Estado e Traço (STAXI) e tem estudado, entre outros fenômenos, o impacto da ansiedade e do estresse sobre as emoções no ambiente de trabalho (por exemplo, em Spielberger e Sarason, 1991). Dedica atenção aos mecanismos de expressão da raiva ao construir instrumentos para avaliar níveis de raiva exteriorizados ou não pelos sujeitos (Spielberger et al., 1985).

> Psicotraumatologia, o estudo dos processos e fatores que permanecem como antecedentes, concomitantes e subsequentes à ocorrência do trauma.

Albert Bandura é um pesquisador reconhecido pelos seus estudos do comportamento humano sob uma orientação que diverge dos postulados skinnerianos quanto ao papel do reforço. Embora admita a força das consequências sobre as respostas, leva em conta variáveis cognitivas, mediadoras dos estímulos e as respostas. Desenvolveu a Teoria da Aprendizagem Social, na qual o comportamento humano é explicado como um processo de interação continuada e de recíprocas influências entre variáveis cognitivas e ambientais. A observação por meio da modelagem tem centralidade na explicação do comportamento humano: "pela observação dos outros, uma pessoa forma uma ideia de como novos comportamentos são executados e, em ocasiões posteriores, esta informação codificada serve como um guia para a ação" (Bandura, 1977, p. 22). Outra noção relevante em sua teoria é a autoeficácia. Na definição do próprio Bandura (1986, p. 391), crenças de autoeficácia são um "julgamento das próprias capacidades de executar cursos de ação exigidos para se atingir certo grau de performance". Nas organizações de trabalho, as crenças de autoeficácia são convicções pessoais sobre a própria capacidade para realizar determinada tarefa, em tempo e qualidade correspondentes às prescrições normativas.

> Nas organizações de trabalho, as crenças de autoeficácia são convicções pessoais sobre a própria capacidade para realizar determinada tarefa, em tempo e qualidade correspondentes às prescrições normativas.

Preocupado, especialmente com o valor das boas emoções no equilíbrio físico e mental, Martin Seligman está entre os autores que enfatizam as emoções como variáveis determinantes do comportamento humano. Expoente da Psicologia Positiva, possui vasta produção de livros e artigos científicos. Em um de seus livros mais conhecidos, constata que a vivência de falta de controle dos eventos à nossa volta aumenta as crenças de perda de controle das situações futuras e queda na motivação (Seligman, 1975). Em contrapartida, é possível aprender técnicas para afastar pensamentos negativos e construir uma vida mais cheia de recompensas e de felicidade (Seligman, 1990). Defende que empregados com níveis elevados de bem-estar mantêm-se mais focados e comprometidos, integram-se melhor nas equipes, são mais motivados e têm menos enfermidades, especialmente as doenças relacionadas ao estresse.

> Empregados com níveis elevados de bem-estar mantêm-se mais focados e comprometidos, integram-se melhor nas equipes, são mais motivados e têm menos enfermidades, especialmente as doenças relacionadas ao estresse.

Hans Selye (1936, 1950, 1956) desenvolveu um modelo pioneiro nos estudos de estresse fundamentado em pesquisas com ratos e outros animais, submetidos a estímulos dolorosos e muito desagradáveis. Com base nas reações desses animais, em 1950 postulou três estágios de respostas aos estressores, que denominou *General Adaption Syndrome* (Morton, 1983). Resumidamente, o estágio um é o de alarme: quando a ameaça (estressor) é identificada ou é percebida, produz respostas de tensão no corpo. O estágio dois é o de resistência: se o estressor persiste, torna-se necessário tentar alguns meios de enfrentar o evento. O estágio três é o de exaustão: os recursos do corpo eventualmente são esgotados e o seu funcionamento normal é afetado.

Lipp (2000a) avançou em relação ao modelo originalmente proposto por Selye ao descobrir uma quarta fase, entre a resistência e a exaustão, que passa a chamar de quase-exaustão. Nesse modelo, que é quadrifásico, é claro, o processo tem início com a fase de alerta ou alarme, quando o organismo enfrenta estressores e fica sujeito a uma quebra de homeostase, revelada por alterações em seu sistema neuropsicofisiológico (Lipp e Malagrés, 2001). O aumento de duração ou de intensidade dos estressores acentua a busca de restabelecimento da homeostase e, se não for bem-sucedida, pode desencadear a segunda fase, a de resistência. O desgaste será equivalente ao esforço despendido pelo organismo e, outra vez, se o equilíbrio continuar prejudicado, poderá atingir a fase de quase-exaustão. Nessa fase, oscila entre a incapacidade de resistir às tensões e a homeostase que não é recuperada. O indivíduo sofrerá as consequências do estado instável, em que ora sofre as pressões e fica ansioso, ora está mais tranquilo. Até esse ponto, embora surjam sintomas físicos e emocionais, ainda consegue manter as rotinas de vida com razoável regularidade. Por fim, na quarta fase, a homeostase estará definitivamente perturbada e a exaustão irá ao ponto de produzir resultados severos, inclusive a morte (Lipp, 2004).

Um dos modelos mais conhecidos para explicar o estresse no trabalho é o modelo de Karasek (Karasek e Theorell, 1990; Johnson e Hall, 1988). Esse modelo tem o mérito de procurar não só explicar as situações de trabalho que se relacionam com o aumento de estresse, mas também de enfatizar a importância de promover a motivação, a aprendizagem e o desenvolvimento das pessoas na realização do seu trabalho (Buunk et al., 1998). Na sua formulação inicial, este modelo, o JDC, considera que as exigências do trabalho (excesso de trabalho e pressão do tempo) combinadas com situações de baixo controle (pouca possibilidade de tomar decisões e de utilizar as suas competências ou de desenvolvê-las), correspondem às situações de maior estresse no trabalho (exaustão, sintomas psicossomáticos e problemas cardiovasculares). No entanto, o modelo considera que as elevadas exigências podem diminuir os seus efeitos do estresse no trabalho, desde que nesse contexto o indivíduo tenha controle. Essa última característica do trabalho tem um efeito moderador na relação entre as exigências e o estresse organizacional. A depressão, a exaustão e os problemas de saúde ocorrem quando o indivíduo tem elevadas exigências e baixo controle (*high-strain jobs*). Pelo contrário, elevada motivação, aprendizagem e oportunidade de desenvolvimento, ocorre quando o trabalho tem elevadas exigências, mas também elevado controle (*active jobs*). As situações de trabalho passivo ocorrem quando existem poucas exigências e pouco controle e as situações de menor estresse ocorrem quando existem baixas exigências e elevado controle. A dimensão da atividade não tem grandes efeitos na saúde, prevendo-se níveis médios quer nos trabalhos ativos, quer nos passivos, enquanto o nível de pressão se prevê com efeitos negativos na saúde física e mental.

> A depressão, a exaustão e os problemas de saúde ocorrem quando o indivíduo tem elevadas exigências e baixo controle.

Sendo um dos modelos que maior investigação empírica inspirou, os resultados desses estudos não têm sido conclusivos. A relação direta e aditiva das exigências e do controle do estresse no trabalho, a qual pressupõe que as situações de maior pressão são aquelas em que os indivíduos têm elevadas exigências e baixo controle, tem recebido apoio empírico. Pelo contrário, o efeito moderador do controle, que pressupõe que a motivação, a aprendizagem e o desenvolvido no trabalho ocorrem nas situações de elevadas exigências e elevado controle, tem recebido um apoio misto, sendo suportado pelos resultados de alguns estudos, mas não de outros (Van Der Doef e Maes, 1999). Uma das falhas apontadas à investigação para explicar essa inconsistência no teste empírico ao modelo, consiste no caráter restritivo das exigências e do controle, como variáveis presentes nas diferentes profissões e capazes de explicar o estresse e bem-estar dos trabalhadores. Por outro lado, alguma investigação empírica tem sugerido que o efeito moderador do controle nas exigências não se faz sentir de igual forma para todos os indivíduos. Só profissionais que já experimentaram controlar exigências do seu trabalho, ou que desejem possuir esse controle, podem considerar motivador e desafiante ter esse mesmo controle.

> Só profissionais que já experimentaram controlar exigências do seu trabalho, ou que desejem possuir esse controle, podem considerar motivador e desafiante ter esse mesmo controle.

O Modelo das Exigências-Recursos do Trabalho (JD-R) desenvolvido por Demerouti e colaboradores (2001) é um modelo que procurou responder a algumas das limitações do modelo anterior. Por um lado, considera que diferentes profissões poderão ter diferentes exigências e diferentes recursos, sendo só por isso possível compreender o bem-estar de cada indivíduo na sua situação de trabalho se for feita uma análise dessas variáveis na sua situação específica. Por outro lado, considera que a ênfase colocada nos efeitos negativos das condições de trabalho, nomeadamente no estresse e no *burnout*, podem ter prejudicado o potencial que essas mesmas características podem ter na promoção do bem-estar e *engagement* dos profissionais. De fato, a investigação tem mostrado que existem muitas exigências físicas e emocionais no trabalho com influência no desenvolvimento do estresse ou mais especificamen-

> A investigação tem mostrado que existem muitas exigências físicas e emocionais no trabalho com influência no desenvolvimento do estresse ou mais especificamente do *burnout*.

te do *burnout*, assim como existem múltiplos recursos, que não apenas a autonomia ou o apoio, que atuam como atenuantes do desenvolvimento dessa síndrome ou como promotores do bem-estar e do *engagement* (Kahn e Byosiere, 1991).

Nesse modelo, distinguem-se quatro premissas (Bakker e Demerouti, 2006). Como primeira premissa, o modelo considera que cada profissão tem determinados fatores de risco de estresse a ela associados e esses fatores podem ser agrupados em dois núcleos diferentes, ou como exigências ou como recursos. As exigências referem-se aos aspectos físicos, psicológicos, sociais e organizacionais que requerem investimento de competências ou de esforço físico ou psicológico (cognitivo ou emocional) por parte do indivíduo, acarretando custos físicos e/ou psicológicos. Exemplo dessas exigências são: elevada pressão, um contexto físico não favorável ou elevadas exigências emocionais colocadas pelos clientes. Tal como preconizado pela Teoria da Reciprocidade, essas exigências são estressores quando obrigam o indivíduo a empreender esforços que não são devidamente recompensados. Os recursos referem-se aos aspectos físicos, psicológicos, sociais e organizacionais que: permitem atingir os objetivos do trabalho; reduzem as exigências de trabalho e os custos físicos e psicológicos a elas associados e estimulam o desenvolvimento, o crescimento e a aprendizagem individual. Os recursos são, assim, importantes, não só para lidar com as exigências do trabalho, mas também por terem um valor motivacional. Tal como a Teoria da Conservação dos Recursos defende, pressupõe-se que a primeira motivação humana refere-se à manutenção e acumulação de recursos. Esses recursos no trabalho podem situar-se em nível organizacional (exemplos: oportunidade de carreira, pagamento ou segurança de emprego), em nível interpessoal (exemplos: clima de equipe ou suporte dado pelo chefe e colegas), em nível da organização do trabalho (exemplos: clareza do papel ou participação na tomada de decisão) ou em nível das tarefas (exemplos: variedade, autonomia ou significado).

Como segunda premissa, o modelo considera que existem dois processos responsáveis pelo estresse no trabalho ou, mais especifica-

> Exigências são estressores quando obrigam o indivíduo a empreender esforços que não são devidamente recompensados. Os recursos referem-se aos aspectos físicos, psicológicos, sociais e organizacionais que: permitem atingir os objetivos do trabalho; reduzem as exigências de trabalho e os custos físicos e psicológicos a elas associados e estimulam o desenvolvimento, o crescimento e a aprendizagem individual.

mente, pelo desenvolvimento do mal-estar e do bem-estar. Em primeiro lugar, as exigências crônicas de um determinado trabalho consomem determinada energia física e psicológica, podendo levar o indivíduo a uma situação de exaustão. Em segundo lugar, existe um processo motivacional, no qual a presença de elevados recursos na situação de trabalho aumentam a motivação, o envolvimento e o *engagement*, e, consequentemente, a capacidade do indivíduo lidar com as exigências do seu trabalho e diminuem o desinvestimento e o cinismo (Demerouti et al., 2001b; Schaufeli e Bakker, 2004). Os recursos podem promover a motivação intrínseca porque permitem o desenvolvimento pessoal e profissional, a aprendizagem e o crescimento do empregado, mas também podem favorecer a motivação extrínseca porque podem ser instrumentais na aquisição dos objetivos do trabalho. Se considerarmos a relação aditiva entre esses dois processos, é possível esperar que: os empregados quando têm muitas exigências e muitos recursos, vivem situações de elevada exaustão e de elevada motivação e envolvimento; quando vivem situações com poucas exigências e poucos recursos, têm baixa exaustão e baixa motivação e envolvimento; quando vivem situações de muitas exigências e poucos recursos, têm elevada exaustão e baixa motivação e envolvimento; quando têm um trabalho com poucas exigências e muitos recursos, têm baixa exaustão e elevada motivação.

Como terceira premissa, o modelo considera que, para além desse efeito aditivo das exigências e dos recursos, existe um efeito interativo entre essas variáveis no desenvolvimento do bem-estar dos empregados. Especificamente, considera-se que os recursos podem atenuar o efeito das exigências no mal-estar (Bakker et al., 2003), existindo diferentes recursos que podem ter esse efeito, por diferentes motivos. Por exemplo: uma relação positiva com o supervisor pode atenuar o efeito do excesso de trabalho na exaustão porque este ajuda o empregado a reanalisar essa exigência (ajuda a ver a exigência como temporária ou como oportunidade de aprendizagem), enquanto um *feedback* apropriado aumenta a probabilidade de execução eficaz de um trabalho e, consequentemente, a motivação, compensando também o efeito negativo do excesso de trabalho na exaustão, ou o apoio instrumental dado por colegas pode ajudar o empregado a ter uma tarefa realizada a tempo e, consequentemente, diminuir o efeito do excesso de trabalho na exaustão. Essa premissa está de acordo com o modelo das exigências e controle de Karasek (Karasek e Theorel, 1990), mas inclui a possibilidade de diferentes recursos, que não apenas o controle, terem esse efeito atenuador face a diferentes exigências e não apenas ao excesso de trabalho ou à exigência de determinadas competências que não se possui.

Como quarta premissa, o modelo pressupõe que a relação entre os recursos e a motivação e envolvimento é amplificada nas situações de elevadas exigências. Tal como pressuposto pela Teoria dos Recursos de Hopfoll, os recursos têm, por si só, um efeito modesto no desenvolvimento da motivação e bem-estar, mas ganham saliência num contexto de perda; isto é, em um contexto de elevadas exigências.

A investigação empírica tem apoiado o pressuposto do modelo, segundo o qual os recursos e as exigências desencadeiam dois processos psicológicos diferentes, com diferentes repercussões no bem-estar dos indivíduos. No estudo desenvolvido por Demerouti e colaboradores (2001), demonstrou-se, por meio de uma avaliação das exigências e dos recursos, quer por medidas autorreportadas, quer por observações realizadas de forma independente, que as exigências tinham uma influência positiva e mais forte na exaustão emocional, enquanto os recursos tinham uma relação negativa e mais forte com o cinismo e com a ausência de *engagement*. Hakanen, Bakker e Schaufeli (2006) mostraram em um estudo com professores, que as exigências se relacionavam com o *burnout*, o qual, por sua vez, influenciava os problemas de saúde, enquanto os recursos se relacionavam com o *engagement*, o qual se relacionava com o compromisso com a organização. Bakker, Demerouti e Verbeke (2004) mostraram que as exigências do trabalho eram bons preditores da exaustão emocional, a qual, por sua vez, tinha um efeito negativo no desempenho. Os recursos do trabalho, pelo contrário, eram melhores preditores dos comportamentos de cidadania organizacional, por meio de uma influência negativa no desinvestimento no trabalho.

Dois estudos recentes também trouxeram apoio para as hipóteses de interação entre os recursos e as exigências no desenvolvimento do mal-estar. Bakker, Demerouti e Euwema (2005) mostraram que a presença de recursos atenuava a influência positiva das exigências no *burnout*. As situações de elevadas exigências emocionais, de exigências físicas, de excesso de trabalho e de interferência do trabalho na família não correspondiam a situações de elevado *burnout*, quando os empregados tinham autonomia, recebiam *feedback*, tinham apoio social e uma rela-

> Os recursos têm, por si só, um efeito modesto no desenvolvimento da motivação e bem-estar, mas ganham saliência num contexto de perda; isto é, em um contexto de elevadas exigências.

ção positiva com os seus chefes. Xantopoulou e colaboradores (2006) demonstraram que diferentes recursos tinham um efeito atenuador das exigências no desenvolvimento, quer da exaustão emocional quer do cinismo. Os empregados que tinham muitos recursos e muitas exigências tinham menos *burnout* do que os empregados que tinham muitas exigências e poucos recursos.

Também a última premissa desse modelo, segundo a qual os recursos influenciam o bem-estar, particularmente nas situações de elevadas exigências, tem recebido algum apoio empírico. Hakanen, Bakker e Demerouti (2005) observaram que o recurso variedade de competências profissionais influenciava mais o *engagement* nas situações de excesso de trabalho e atenuava o efeito negativo do excesso de trabalho nesse mesmo *engagement*. De um modo semelhante, Bakker e colaboradores (2006), num estudo com professores, verificaram que os recursos, nomeadamente o suporte do supervisor, a inovação, a apreciação e o clima organizacional, não só atenuavam os efeitos negativos da indisciplina dos alunos no *engagement*, como também tinham mais efeito positivo nesse *engagement*, quando os professores tinham de lidar com a indisciplina dos seus alunos.

> Os empregados que tinham muitos recursos e muitas exigências tinham menos *burnout* do que os empregados que tinham muitas exigências e poucos recursos.

No Modelo que Johannes Siegrist desenvolveu, a relação focada para explicar o estresse é a do alto esforço empreendido para atender às demandas e obrigações no trabalho e a baixa recompensa obtida (dinheiro, estima, segurança e progresso na carreira, por exemplo) (Siegrist, 2001). O autor partiu do pressuposto de que aspectos do ambiente de trabalho podem potencializar o desequilíbrio. Entre esses aspectos estão a falta de controle do trabalhador sobre a tarefa, constrangimentos provocados pelos superiores, pressão para produtividade, condições inseguras, ausência de treinamento e orientação escassa, problemas de comunicação, ausência de plano de carreira e trabalho em períodos indesejados (Calnan, Wainwright e Almond, 2000).

As características culturais das organizações nos quatro países onde estão localizados os centros que foram visitados neste estudo são notoriamente de contextos periféricos às realidades economicamente abastadas, apesar dos esforços desses países em busca do desenvolvimento socioeconômico. No entanto, com poucas exceções, as teorias ou as perspectivas teóricas claramente provêm de formulações científicas elaboradas na articulação conceitual e empírica dos países privilegiados. Não se trata de "reinventar a roda"; contudo as diferenças dos contextos certamente impõem considerar a transferência de conhecimentos e descobertas. A produção industrial, ou mesmo o segmento de serviços, consideradas as diferenciações geográficas, apresentam contradições como, por exemplo, a utilização de tecnologias importadas e avançadas dentro de estruturas e em modelos gerenciais resistentes à flexibilidade que as novas práticas de trabalho exigem. Além disso, a educação das pessoas para o exercício profissional e, mais extensivamente, para o exercício da cidadania, é diferenciada. Ou seja, as circunstâncias imediatas e mediatas da produção do estresse em países de economia desenvolvida deveriam ser observadas nos múltiplos aspectos da construção das culturas nacionais e das culturas específicas de cada organização de trabalho e suas consequências para quem trabalha.

> As circunstâncias imediatas e mediatas da produção do estresse em países de economia desenvolvida deveriam ser observadas nos múltiplos aspectos da construção das culturas nacionais e das culturas específicas de cada organização de trabalho e suas consequências para quem trabalha.

Consequências além das teorias/pesquisas e seus pressupostos [6]

Nas sínteses do Quadro 6.1, estão as consequências dos modelos teóricos usados pelos participantes deste estudo. Os referenciais são úteis mais para aplicações práticas do que para provar teorias, estudar os fenômenos de um ponto de vista conceitual e multidisciplinar, compreender variáveis complexas em interação e utilizar triangulações, integrar variáveis da organização, da comunidade e da família e para adaptar instrumentos (C.1.1). No caso de B.1.1, a comprovação do modelo teórico incentivou a criação de um centro de aplicação e exigiu o desenvolvimento de outras pesquisas e aplicações, relativas à raiva e suas decorrências. O predomínio do modelo tradicional (reestruturação subjetiva), que o participante M.1.1 qualifica como um paradigma, é atribuído às dificuldades de mudança nas organizações, ao mesmo tempo em que um modelo integrador facilita a compreensão científica do fenômeno (estresse), o diálogo acadêmico e as possibilidades de intervenção viável nas organizações (M.1.1). Além disso, a perspectiva da epidemiologia social tende a negar as diferenças individuais e a enfocar somente os aspectos negativos do ambiente de trabalho, enquanto a Psicologia Positiva é uma alternativa para considerar aspectos que levam à felicidade, melhor saúde e qualidade de vida (M.1.1).

O Modelo de Karasek é visto como um bom instrumento para investigação empírica ou intervenção nas organizações. Está confirmado como simples, heurístico, integrador e permite atenuar o efeito das exigências do local de trabalho, mas tem se revelado muito restritivo e, em face das mudanças do trabalho e das organizações, apresenta-se pouco explicativo da realidade atual (P.1.1). Também é percebido como um dos melhores preditores e, quando consideradas variáveis individuais, ajuda a predizer

Quadro 6.1. Sínteses das verbalizações dos participantes deste estudo relativas às Consequências

---

→ Os modelos são úteis mais para aplicações do que para provar teorias (C.1.1)
→ São úteis para estudar os fenômenos de um ponto de vista conceitual e multidisciplinar (C.1.1)
→ São úteis para compreender variáveis complexas em interação e utilizar triangulações (C.1.1)
→ São úteis para integrar variáveis da organização, da comunidade e da família. (C.1.1)
→ São úteis para adaptar instrumentos (C.1.1)

→ A comprovação do modelo teórico incentivou a criação de um centro de aplicação. (B.1.1)
→ Implicou o desenvolvimento de outras pesquisas e aplicações, relativas à raiva e suas decorrências (B.1.1)
→ Descoberta da raiva como fonte interna do estresse e desenvolvimento subsequente do Treino Cognitivo da Raiva (B.1.1)
→ Nas organizações, o assédio moral é resultante da falta de controle da raiva (B.1.1)
→ Na clínica, o Treino Psicológico de Controle do Estresse reduz a psoríase, ajuda no controle da hipertensão arterial e outras patologias (B.1.1)
→ Aplicado a casais, reduz os problemas conjugais e, em gestantes, melhora a condição de saúde do neonato (B.1.1)

→ O Modelo de Karasek foi um bom instrumento para fazer investigação empírica ou intervenção nas organizações. Está confirmado como simples, heurístico, integrador e permite atenuar o efeito das exigências do local de trabalho, mas tem se revelado muito restritivo e, em face das mudanças do trabalho e das organizações, apresenta-se pouco explicativo da realidade atual (P.1.1)
→ A apresentação dos dados de investigação com atendimento ao cliente provocou o interesse do diretor de recursos humanos, que solicitou aos investigadores uma proposta de um módulo de formação, com atenção ao funcionamento da equipe e de momentos de compartilhamento para prevenção do estresse (P.1.1)

→ Predomínio do modelo tradicional (reestruturação subjetiva), qualificado como um paradigma, pelas dificuldades de mudança nas organizações (M.1.1)
→ A perspectiva da Epidemiologia Social tende a negar as diferenças individuais e a enfocar somente os aspectos negativos do ambiente de trabalho (M.1.1)
→ A Psicologia Positiva é uma alternativa para considerar aspectos que levam à felicidade, melhor saúde e qualidade de vida (M.1.1)
→ Um modelo integrador facilita a compreensão científica do fenômeno (estresse), o diálogo acadêmico e as possibilidades de intervenção factível nas organizações (M.1.1)
→ O Modelo Demanda-Controle está associado a indicadores de saúde mental e de saúde cardiovascular, mas também a diferenças individuais, como o controle da ira, da fúria (M.1.1)
Trabalhadores com nível ótimo de autoeficácia e controle emocional sofriam menos as consequências em um grupo epidemiológico de risco. Diferenças individuais aumentam o caráter preditivo do Modelo Demanda-Controle (M.1.1)
→ A insegurança no emprego é um estressor dos mais importantes e está relacionado a vários indicadores de saúde mental e saúde cardiovascular (M.1.1)
→ A falta de recursos para o trabalho também está relacionada a indicadores de saúde mental (M.1.1)
→ O Modelo de Karasek é um dos melhores preditores e, quando consideradas variáveis individuais, ajuda a predizer a probabilidade de adoecimento (M.1.1)

a probabilidade de adoecimento. Está associado a indicadores de saúde mental e de saúde cardiovascular, mas também a diferenças individuais, como o controle da ira, da fúria (M.1.1).

Ocorrências específicas são detectadas nas organizações. Por exemplo: o assédio moral é visto como resultante da falta de controle da raiva (B.1.1). O participante M.1.1 concluiu que trabalhadores com nível ótimo de autoeficácia e controle emocional sofriam menos as consequências em um grupo epidemiológico de risco e que as diferenças individuais aumentam o caráter preditivo do Modelo Demanda-Controle. Descobriu também que a insegurança no emprego é um estressor dos mais importantes; está relacionado a vários indicadores de saúde mental e saúde cardiovascular e a falta de recursos para o trabalho também está relacionada a indicadores de saúde mental (M.1.1). Nas atividades de P.1.1, a apresentação dos dados de investigação com atendimento ao cliente provocou o interesse do diretor de recursos humanos, que solicitou aos investigadores proposta de um módulo de formação, com atenção ao funcionamento da equipe e de momentos de compartilhamento para prevenção do estresse.

Na clínica, B.1.1 constatou que o Treino Psicológico de Controle do Estresse reduz a psoríase, ajuda no controle da hipertensão arterial e outras patologias; que a raiva é uma fonte interna do estresse (o que teve como consequência o desenvolvimento subsequente do Treino Cognitivo da Raiva). Quando aplicado a casais, reduz os problemas conjugais e, em gestantes, melhora a condição de saúde do neonato (B.1.1).

Analisados os aspectos principais das sínteses do Quadro 6.1, é possível concluir que os modelos teóricos, apesar de suas limitações, têm utilidade prática e, na perspectiva da construção científica, estão sendo aperfeiçoados. Cada teoria ou perspectiva teórica isolada parece revelar insuficiências que são aspectos contemplados por outras teorias. É necessário, portanto, desenvolver um modelo integrador. Já o Modelo de Karasek, é particularmente visto como um bom instrumento para investigações e para intervenções; tem capacidade preditiva para detectar variáveis individuais, embora apresente restrições em face das mudanças mais recentes no mundo do trabalho. Indicadores de saúde e processos relevantes para a prevenção do estresse são enfatizados: controle emocio-

> Os modelos teóricos, apesar de suas limitações, têm utilidade prática e, na perspectiva da construção científica, estão sendo aperfeiçoados. Cada teoria ou perspectiva teórica isolada parece revelar insuficiências que são aspectos contemplados por outras teorias. É necessário, portanto, desenvolver um modelo integrador.

nal (em especial, o controle da raiva), autoeficácia, insegurança no emprego, falta de recursos para o trabalho e de compartilhamento na equipe. Finalmente, intervenções clínicas, como o Treino Cognitivo da Raiva, produzem resultados tanto na dimensão das relações sociais como na dimensão do substrato biológico.

O fenômeno do estresse tem sido relacionado com estudos de diversas procedências, entre os quais a pesquisa das condições gerais de vida e trabalho, da Ergonomia e da Psicopatologia do Trabalho. Em algumas é mais frequente a análise do processo de trabalho; e em outras, a estrutura ocupacional. Conceitos relativos a *burnout*, qualidade de vida, bem-estar, saúde mental e sofrimento no trabalho são comuns na literatura científica. Em todos eles, a organização do trabalho e variáveis relacionadas à cultura organizacional têm influência destacada, apesar de aparentes divergências epistemológicas, refletidas em delimitações, procedimentos de pesquisa e denotações distintas. Aspectos comuns entre as perspectivas, ligados à idiossincrasia dos indivíduos, bem como sua trajetória de vida e o contexto econômico, social e histórico são observados e enfatizados em diferentes proporções. O que resta evidente é a conexão do trabalho e as ocorrências de vida saudável ou o prejuízo à saúde, em sentido amplo.

> O fenômeno do estresse tem sido relacionado com estudos de diversas procedências, entre os quais a pesquisa das condições gerais de vida e trabalho, da ergonomia e da psicopatologia do trabalho.

A dimensão psicossocial do trabalho é abrangente, multifacetada e inter-relacionada a múltiplos aspectos. Disso decorrem possibilidades metodológicas e conceituais, tanto para a investigação como para a intervenção nas organizações, em que são salientados os aspectos que podem priorizar desde a construção da identidade e da subjetividade e competência em enfrentamentos, no nível individual, até as consequências de variáveis macroestruturais relacionadas à conjuntura das trocas do mercado internacional que repercutem na saúde coletiva. Parece evidente que o desenvolvimento de um modelo integrador depende de serem levadas em conta as variáveis entrelaçadas em vínculos complexos e, para ultrapassar as restrições das vertentes teóricas, exige-se dos pesquisadores esforços intensos, hoje possíveis pelos recursos existentes nas vias eletrônicas. Veja-se, por exemplo, uma rede de investigadores em debates constantes, que promovem foros e seminários científicos periódicos: *Red de Investigadores sobre Factores Psicosociales A.C.* (http://www.factorespsicosociales.com). Eles têm, entre seus objetivos, estabelecer um diagnóstico por centro de trabalho, por

> Parece evidente que o desenvolvimento de um modelo integrador depende de serem levadas em conta as variáveis entrelaçadas em vínculos complexos e, para ultrapassar as restrições das vertentes teóricas, exige-se dos pesquisadores esforços intensos, hoje possíveis pelos recursos existentes nas vias eletrônicas.

cidade ou estado, por países e por regiões, sobre os principais transtornos na saúde psicofísica dos trabalhadores, sob diferentes indicadores epidemiológicos: por ramo de trabalho; por grupo de idade; por gênero; por tipo de exposição a riscos e exigências laborais (fatores psicossociais); por posto ou área de trabalho; por tempo de exposição (tempo de permanência no posto e/ou na atividade).

Duas perspectivas foram evidenciadas pelos participantes deste estudo: uma ampla, a Epidemiologia Social, entre outras abordagens epidemiológicas, e outra específica, a Psicologia Positiva, entre as teorias da ciência psicológica. A primeira tem como característica marcante o fato de explicitamente explicar o processo saúde-doença por meio de determinantes sociais. Ou seja, de algum modo o processo biológico está inevitavelmente vinculado ao contexto social e o indivíduo arraigado nas condições da sociedade em que vive. A segunda foi aqui comentada, na discussão do Quadro 5.1, especificamente ao referir Martin Seligman. A Psicologia Positiva é vista como um "movimento de investigação de aspectos potencialmente saudáveis dos seres humanos, em oposição à psicologia tradicional e sua ênfase nos aspectos psicopatológicos" (Yunes, 2003, p. 1). Contrapor ou colocar em evidência os aspectos que podem ser utilizados nas organizações de modo a beneficiar melhores condições de trabalho e favorecer o bem-estar tem, progressivamente, permitido a administração dos recursos e a construção de culturas em base de valores saudáveis.

O Modelo de Karasek (*Job Strain Model* – Modelo Demanda-Controle) também já foi citado (discussão do Quadro 5.1) como um modelo simples e manuseável. Inclui duas dimensões do ambiente de trabalho: as demandas psicológicas e o controle do trabalhador sobre o próprio trabalho. É operacionalizado pelo *Job Content Questionnaire*. Escores médios são alocados de modo a expressar as relações entre demandas e controle em quatro quadrantes: alta exigência do trabalho (caracterizado como alta

> Contrapor ou colocar em evidência os aspectos que podem ser utilizados nas organizações de modo a beneficiar melhores condições de trabalho e favorecer o bem-estar tem, progressivamente, permitido a administração dos recursos e a construção de culturas em base de valores saudáveis.

demanda e baixo controle), trabalho ativo (alta demanda e alto controle), trabalho passivo (baixa demanda e baixo controle) e baixa exigência (baixa demanda e alto controle). Grandes demandas psicológicas com baixo controle sobre o processo de trabalho geram alto desgaste (*job strain*) no trabalhador, com efeitos nocivos à sua saúde. A situação que conjuga baixas demandas e baixo controle (trabalho passivo) pode gerar perda de habilidades e desinteresse. Altas demandas e alto controle conjugados são característicos do processo de trabalho ativo e, embora as demandas sejam excessivas, são menos danosas. A situação de baixo desgaste congrega baixas demandas e alto controle do processo de trabalho (Theorell, 1996). As limitações do modelo são suplantadas pela importância que o instrumento tem ao avaliar a associação entre aspectos psicossociais do trabalho e os efeitos sobre a saúde dos trabalhadores e pelos resultados positivos na identificação de diferentes situações de trabalho.

Quanto aos processos enfatizados pelos participantes deste estudo como relevantes na prevenção do estresse, o controle emocional, tomado em sentido geral, está relacionado ao equilíbrio do sistema individual. A fonte de tensão pode ser tanto interna como externa ao organismo. Uma demanda autoimposta ou cobrança de si mesmo (Lazarus, 1966) pode não corresponder aos eventos objetivos e levar a uma dificuldade adaptativa, assim como a busca de consecução de metas em condições nas quais os recursos são escassos podem somar fatores internos e externos na produção do estresse. O desenvolvimento do controle emocional, a percepção acurada do ambiente e dos recursos disponíveis ao sujeito, nas dimensões objetiva e subjetiva, são elementos centrais nesse processo (Lipp, 2000b).

A pessoa submetida a tensões constantes pode apresentar comportamentos de ansiedade, irritabilidade, hostilidade e agressão aos demais. Lipp (2005) postula a expressão da raiva em diferentes modos: raiva para dentro; raiva para fora; raiva acompanhada de cinismo. É um mecanismo de proteção contra a perda de poder real ou imaginário, associado ao risco de doenças coronarianas e do aparelho digestivo. Está ligada aos quadros de depressão, obesidade, problemas de relacionamento interpessoal, violência na família, divórcio, perda de emprego e até suicídio. Pessoas sob estresse crônico passam a ter dificuldades em lidar com

> Quanto aos processos enfatizados pelos participantes deste estudo como relevantes na prevenção do estresse, o controle emocional, tomado em sentido geral, está relacionado ao equilíbrio do sistema individual. A fonte de tensão pode ser tanto interna como externa ao organismo.

frustrações e têm alta probabilidade de emitir comportamentos hostis. O tratamento clínico de controle do estresse (Treino Cognitivo da Raiva) desenvolvido pela pesquisadora tem como objetivos: reduzir a excitabilidade orgânica gerada pela ação dos hormônios do estresse, reestruturar o pensamento pré-raiva e levar à tomada de ações responsáveis, para substituir as reações com raiva por processos conscientes e racionais. Isso, supostamente, visando ao amadurecimento emocional.

> Pessoas sob estresse crônico passam a ter dificuldades em lidar com frustrações e têm alta probabilidade de emitir comportamentos hostis.

Entre os fatores objetivos de maior incidência na produção do estresse, a insegurança no emprego vem sendo colocada pelos pesquisadores em grande relevância (Leibovich de Figueroa e Schufer, 2006). A instabilidade empregatícia, entendida como incerteza de manutenção do vínculo formal da relação do trabalhador com a empresa, tem se expandido a partir de 1990, sobretudo para os estratos de menor qualificação profissional. O modelo proposto por Seligman (1975), denominado desamparo aprendido, pode servir para explicar as percepções e compreensões que as pessoas passam a ter de que não têm controle sobre o que lhes acontece ou poderá vir a acontecer, e muito menos a seus familiares. A falta de esperança, acompanhada de sentimentos de fracasso, frustração, depressão e perda da autoestima são efeitos recorrentes nesses casos (Buendía Vidal, 1990; Eysenck e Calvo, 1992).

> Entre os fatores objetivos de maior incidência na produção do estresse, a insegurança no emprego vem sendo colocada pelos pesquisadores em grande relevância

As possibilidades de compartilhamentos interpessoais têm sido estudadas e apresentadas na literatura em resultados que parecem confirmar os benefícios das redes de apoio social ao promover a interação, elevar a confiança e incrementar a capacidade de enfrentamento dos problemas individuais e coletivos. As interações sociais influem na manutenção da saúde e favorecem condutas adaptativas em situações de estresse. A inserção em uma rede social que proporciona ajuda (emocional, material e afetiva) aos indivíduos beneficia a saúde e o bem-estar (Syme, 1979; House, Robbins e Metzner, 1982; Kaplan, 1988; Avlund, Damsgaard e Holstein, 1998).

> As interações sociais influem na manutenção da saúde e favorecem condutas adaptativas em situações de estresse.

Antecendentes
precedendo as intervenções/procedimentos e as consequências [7]

Nas sínteses apresentadas no Quadro 7.1, podem ser identificados os antecedentes para as intervenções e os procedimentos que devem estar vinculados à pesquisa (P.1.2). Produtos das investigações, constituem propostas de execução vinculadas ao diagnóstico (C.1.2). Na trajetória profissional de B.1.2, das atividades de tratamento do estresse na clínica, passou-se à prevenção do estresse em organizações de trabalho, com cuidados de caracterização da situação (linha de base). Ainda para P.1.2, intervenções dependem da identificação das exigências e dos recursos específicos de cada contexto de trabalho, enquanto para M.1.2, o diagnóstico é uma fase que deve contemplar a caracterização dos estressores universais, os específicos de cada setor, de cada ocupação e de cada organização, em especial, as variáveis ligadas à cultura organizacional – devem contemplar tanto as variáveis de natureza subjetiva como a realidade objetiva. Complementarmente, para M.1.2, o Modelo Demanda-Controle e o Modelo de Sigrist (esforço-recompensa) têm relativa eficácia na fase diagnóstica.

Quanto aos procedimentos de aplicação, B.1.2 os fundamenta em Everly, Meichenbaum, Lazarus e Lazarus, Spielberger, Selye, enquanto M.1.2 considera que o desenvolvimento dos instrumentos, em termos de propriedades psicométricas, é incipiente e adaptado de outros países.

Ao solicitar os serviços prestados pelo Centro conduzido por B.1.2, os interessados já os conhecem e são motivados por resultados de pesquisa de clima organizacional ou, por meio do setor médico, pelo fornecimento de medicamentos para sintomas de estresse. Solicitações originadas no setor de recursos humanos são menos frequentes. Entre as fontes de estresse, são observadas com frequência: dificuldades de relacionamento com chefes, sobrecarga de trabalho, falta de treinamento adequado e duplicidade de funções (B.1.2).

Quadro 7.1. Sínteses das verbalizações dos participantes deste estudo relativas aos antecedentes

→ As intervenções são produtos das investigações, são propostas de implementação vinculadas ao diagnóstico (C.1.2)
→ Os procedimentos de aplicação foram fundamentados em Everly, Meichenbaum, Lazarus e Lazarus, Spielberger, Selye) (B.1.2)
→ Das atividades de tratamento do estresse na clínica, passou-se à prevenção do estresse em organizações de trabalho (B.1.2)
→ Procedimentos para prevenção do estresse devem ser precedidos pela caracterização da situação (linha de base) (B.1.2)
→ Ao solicitar os serviços prestados pelo Centro, os interessados já os conhecem e são motivados por resultados de pesquisa de clima organizacional ou, por meio do setor médico, pelo fornecimento característico de medicamentos para sintomas de estresse. Solicitações originadas no setor de recursos humanos são menos frequentes (B.1.2)
→ Entre as fontes de estresse, são observadas com frequência: dificuldades de relacionamento com chefes, sobrecarga de trabalho, falta de treinamento adequado e duplicidade de funções (B.1.2)
→ Intervenções dependem da identificação das exigências e dos recursos específicos de cada contexto de trabalho (P.1.2)
→ Intervenções devem estar vinculadas à pesquisa – que se justifica pela possibilidade de aplicação para melhorar a vida das pessoas (P.1.2)
→ Nas organizações, a predisposição dos gestores está voltada para o atendimento clínico (Saúde Ocupacional ou Medicina do Trabalho, conforme determinações legais), numa perspectiva de culpabilidade do indivíduo, embora as variáveis psicológicas sejam reconhecidas pelos médicos (P.1.2)
→ A identificação dos fatores que podem atenuar o estresse, ou os recursos possíveis, constituem etapa preliminar para discutir recomendações com os participantes da organização, antes de serem efetivadas como procedimentos de intervenção, incluindo ou não a atuação dos profissionais da própria organização (P.1.2)
→ As intervenções devem ser integrais tanto nas variáveis de natureza subjetiva como na realidade objetiva (M.1.2)
→ O desenvolvimento dos instrumentos em termos de propriedades psicométricas é incipiente e adaptado de outros países (M.1.2)
→ O diagnóstico é uma fase que deve contemplar a caracterização dos estressores universais, os específicos de cada setor, de cada ocupação e de cada organização, em especial as variáveis ligadas à cultura organizacional (M.1.2)
→ O Modelo Demanda-Controle e o Modelo de Siegrist (desequilíbrio, esforço recompensa) têm relativa eficácia na fase diagnóstica (M.1.2)

Na percepção de P.1.2, nas organizações a predisposição dos gestores está voltada para o atendimento clínico (Saúde Ocupacional ou Medicina do Trabalho, conforme determinações legais), em um viés de culpabilidade do indivíduo, embora as variáveis psicológicas sejam reconhecidas pelos médicos. A identificação dos fatores que podem atenuar o estresse, ou os recursos possíveis, constitui etapa preliminar para discutir recomendações, que são discutidas com os participantes da organização, antes de serem efetivadas como procedimentos de intervenção, incluindo ou não a atuação dos profissionais da própria organização (P.1.2).

Analisadas no conjunto, as sínteses do Quadro 7.1 evidenciam que as intervenções e os procedimentos aplicados devem estar apoiados em pesquisa ou em alguma forma de diagnóstico, linha de base ou caracterização preliminar do ambiente organizacional. Nesse processo inicial, é preciso atentar para as exigências e recursos específicos de cada contexto de trabalho, as variáveis da cultura organizacional (subjetivas e objetivas) e à validade dos instrumentos utilizados, dadas as dificuldades relativas à adaptação e à validação. Atividades de intervenção no fenômeno do estresse podem ter origem em caracterizações do clima organizacional, pelas ocorrências de casos de estresse registrados pelo setor médico ou solicitações do departamento de recursos humanos. Os gestores tendem a reduzir as determinações múltiplas do estresse ao indivíduo que trabalha, sem considerar variáveis do nível grupal e organizacional. Anteceder a intervenção nos processos específicos em uma organização por decisões negociadas e incluir no trabalho profissionais da própria organização pode ser uma alternativa profícua.

> As intervenções e os procedimentos aplicados devem estar apoiados em pesquisa ou em alguma forma de diagnóstico, linha de base ou caracterização preliminar do ambiente organizacional.

> Os gestores tendem a reduzir as determinações múltiplas do estresse ao indivíduo que trabalha, sem considerar variáveis do nível grupal e organizacional.

A realidade para os trabalhadores neste início de século XXI, mais do que nunca, é favorável para quem tem alta qualificação e claramente desvantajosa para quem tem baixa qualificação. Nas organizações de trabalho, é favorável às grandes corporações, em detrimento das pequenas empresas. A nova divisão internacional do trabalho acentua a disparidade entre ricos e pobres. O contingente de trabalhadores que, no Brasil e em outros países periféricos, em meados do século passado migrou dos campos para as cidades, hoje está sendo expulso das linhas de produção. Isso, é claro, está refletido no aumento alarmante dos índices de violência, cada vez mais estampados nos jornais ou não transmitidos pelos meios de comunicação. Essas contradições estão refletidas no ambiente interno das fábricas, das escolas, dos órgãos públicos ou não governamentais e outros.

As possibilidades de caracterizar as condições de saúde e bem-estar no ambiente de trabalho devem ser vistas sistemicamente interconectadas ou, mesmo, subordinadas ao meio e suas estratégias competitivas e de sobrevivência. Com isso, deve ficar claro que o universo do trabalho extrapola as fronteiras aparentes da organização, qualquer que seja. Para colocar em relevo apenas um aspecto, observe-se a dinâmica da evolução tecnológica, que impõe, pelas mudanças sucessivas, novos referenciais para as relações técnicas e sociais de produção e de serviços. Entretanto, cada contexto de trabalho, sem dúvida, é peculiar e dispõe de recursos específicos, em especial no que concerne à construção da cultura daquela comunidade.

> O universo do trabalho extrapola as fronteiras aparentes da organização, qualquer que seja.

A cultura de uma organização é construída em base de valores que, para uma grande parte, estão prioritariamente voltados para a produtividade ou, em última instância, para os ganhos financeiros, muitas vezes em detrimento da saúde e do bem-estar das pessoas. Nesse sentido, o conceito de cultura ou organização saudável vem sendo utilizado pelos pesquisadores (Antoniou e Cooper, 2005), se relaciona ao modo de produção social do trabalho e constitui padrões recorrentes de interação humana (Zanelli e Silva, 2008). Esses padrões são prejudiciais quando restringem as possibilidades de realização profissional e pessoal, produzem sofrimento e desgastes emocionais. São constatados pelos índices de lesões por esforços repetitivos, distúrbios osteomusculares relacionados ao trabalho, estresse, esgotamento ou *burnout*, depressão e distúrbios psicossomáticos. Portanto, investigar os elementos básicos da cultura organizacional é um procedimento preliminar para a compreensão que precede as intervenções preventivas do estresse no trabalho. Embora as escalas constem como os instrumentos de medida mais utilizados nas pesquisas sociais e organizacionais (Pasquali, 1996; Schoenfeldt, 1984), para Schein (2001) a avaliação da cultura de uma organização deve estar ancorada em entrevistas, individuais e em grupo, muito mais do que em questionários, em um processo de pesquisa que avança pelas descobertas dos valores enraizados ou das certezas compartilhadas (pressupostos). Nesse

> A cultura de uma organização é construída em base de valores que, para uma grande parte, estão prioritariamente voltados para a produtividade ou, em última instância, para os ganhos financeiros, muitas vezes em detrimento da saúde e do bem-estar das pessoas.

processo, é preciso estar alerta e comparar os achados gerais com aqueles que caracterizam os movimentos das subculturas e, mesmo, das contraculturas, como demonstrado por Silva e Zanelli (2004).

A investigação preliminar do ambiente organizacional para orientar as intervenções inclui observar, além das variáveis do entorno organizacional, aspectos em três níveis de análise: macro, meso e micro-organizacional. As variáveis do nível micro-organizacional são pertinentes aos aspectos psicológicos e fenômenos relativos à atuação do indivíduo no contexto organizacional. As variáveis do nível meso-organizacional estão vinculadas aos processos de grupos e equipes de trabalho. As variáveis do nível macro-organizacional fazem parte da organização como um todo, como a cultura, o poder e a saúde. O estudo das atividades de análise organizacional pode contribuir sobremodo nesse último nível (ver, entre outros: Loiola et al., 2004), bem como, de modo mais amplo, os estudos do comportamento organizacional (Wagner III e Hollenbeck, 1999).

Os procedimentos de avaliação dos níveis de análise correspondem a operações para determinar a representação, seja qualitativa ou quantitativa, de um atributo pertencente a uma unidade de análise (Malhotra, 1993). Atributos psicossociais envolvem variáveis em interrelação complexa e, portanto, demandam procedimentos de coleta e análise que capturem, no mínimo, os elementos constitutivos centrais do fenômeno em foco. A construção dos instrumentos de medida conserva, muitas vezes, desde sua primeira elaboração, dificuldades conceituais de adequação aos construtos e dificuldades metodológicas relativas ao alcance ou precisão. Quando são transferidas para outros contextos socioculturais, sofrem os agravos da transferência, em termos de adaptação e validação. Observe-se que, a rigor, a transferência não fica restrita à aplicação em diferentes países, mas também em culturas organizacionais diversas que, pelas diferenças, suscita preocupações semelhantes às anteriores.

Do ponto de vista metodológico, considerarmos que existem fatores de outro nível (grupal ou organizacional) com importância para explicar o estresse ou o bem-estar no contexto organizacional, implica considerar como variável grupal ou organizacional a média da variável para o conjunto dos indivíduos, mas o investigador tem de se certificar que existe um grau de acordo entre os indivíduos, o qual permite essa agregação. Por outro lado, é necessário demonstrar que há diferenças entre os grupos, ou as organizações, e que essas diferenças é que se relacionam com o estresse vivido nessa situação. A utilização dessa medida agregada tem a vantagem de permitir ao investigador considerar que a percepção partilhada pelos membros de um grupo é um indicador das condições de trabalho ou da organização, permitindo ultrapassar a antiga polêmica de se saber se as condições influentes no estresse e no bem-estar são as objetivas ou as percebidas pelo indivíduo (Frese e Zapf, 1988). Bliese e Jex (1999), de um modo mais específico, referem que determinadas situações podem ser mais estressantes ou influentes no bem-estar geral dos indivíduos, embora do ponto de vista individual as características dessa situação possam não ter um efeito significativo. Bliese e Halverson (1996) realizaram um estudo com 7.382 soldados da armada americana de 99 companhias diferentes e analisaram a influência do número de horas de trabalho, da coesão com o líder e da coesão intragrupo, no bem-estar dos militares, considerando o nível individual e o nível da companhia. Demonstraram que em relação ao número de horas de trabalho, a percepção individual apresentava pouca relação com o bem-estar, mas que o número de horas de trabalho da companhia tinha um efeito muito significativo no bem-estar geral desta. As companhias que trabalhavam mais horas eram as que apresentavam pior bem-estar geral no conjunto dos seus soldados. No entanto, em relação à coesão com o líder, ou à coesão dentro do grupo, quer a percepção individual, quer a da companhia, tinham um efeito significativo para explicar o bem-estar dos soldados.

> Em relação ao número de horas de trabalho, a percepção individual apresentava pouca relação com o bem-estar, as companhias que trabalhavam mais horas eram as que apresentavam pior bem-estar geral no conjunto dos seus soldados.

Dentro dessa perspectiva coletiva, também tem sido procurado o efeito moderador de vários fatores do grupo, como a coesão ou a eficácia coletiva, na relação entre as condições de trabalho ou as características organizacionais e o estresse ou o bem-estar dos indivíduos. A ideia geral é a de que esses processos de grupo podem contribuir para aumentar a cooperação e a ajuda mútua entre os indivíduos, compensando os efeitos negativos dos estressores, ou porque dá aos indivíduos um suporte emocional durante os períodos de estresse, ou porque dá aos membros do grupo os meios necessários para reduzir os estressores. Jex e Bliese (1999), num estudo com 2.273 soldados da armada americana de 36 companhias diferentes, analisaram o efeito moderador da autoeficácia e da eficácia coletiva na relação entre estressores, estresse e bem-estar dos soldados.

> Processos de grupo podem contribuir para aumentar a cooperação e a ajuda mútua entre os indivíduos, compensa os efeitos negativos dos estressores, ou porque dá aos indivíduos um suporte emocional durante os períodos de estresse, ou porque dá aos membros do grupo os meios necessários para reduzir os estressores.

Verificaram que tanto a autoeficácia quanto a eficácia coletiva tinham um efeito promotor da saúde (psicológica e física) e do bem-estar (satisfação com o trabalho e implicação com a organização). Os soldados reagiam negativamente quando consideravam que eles e o seu grupo não tinham a eficácia necessária para lidar com as situações vividas no seu contexto militar e, ao contrário, quando consideravam que eram eficazes, bem como o seu grupo, lidavam melhor com as situações estressantes desse contexto. Para os soldados autoeficazes, ao contrário do que acontecia com os soldados com baixa autoeficácia, o fato de

> Tanto a autoeficácia quanto a eficácia coletiva tinham um efeito promotor da saúde (psicológica e física) e do bem-estar (satisfação com o trabalho e implicação com a organização).

trabalharem mais horas ou de considerarem que tinham excesso de trabalho, não diminuía a sua saúde psicológica, ou física, nem diminuía a sua implicação organizacional. Para os soldados que consideravam o seu grupo eficaz, ao contrário dos que o consideravam não eficaz, o excesso de trabalho e o seu reduzido significado não diminuía o seu bem-estar, nomeadamente a sua satisfação com o trabalho e o seu compromisso com a organização. Van Yperen e Snijders (2000) consideraram que o controle percebido pelo indivíduo e a sua autoeficácia moderavam a relação entre o excesso de trabalho e a saúde psicológica, porque para os trabalhadores autoeficazes e que consideravam ter elevado controle, o excesso de trabalho não diminuía a sua saúde. Consideraram, também, que o efeito moderador existia para as percepções partilhadas de controle e de eficácia, dado que os grupos que considerassem ter mais controle e maior eficácia coletiva, não veriam a sua saúde afetada pelas elevadas exigências de trabalho. Analisaram 31 grupos de empregados bancários holandeses, com um total de 260 trabalhadores e verificaram que o bem-estar no trabalho estava dependente das avaliações dos indivíduos e da sua comparação com as do grupo. Os sintomas psicológicos ocorriam quando as exigências do trabalho, comparadas com a média do grupo, excediam as possibilidades de controle avaliadas pelo indivíduo. Por outro lado, os autores verificaram que as doenças aumentavam quando os indivíduos consideravam que tinham mais exigências do que os outros elementos do grupo e o próprio grupo considerava que tinha baixo controle sobre essas exigências. Uma percepção partilhada do controle atuava atenuando o efeito das exigências na diminuição da saúde, dado que quando o grupo se considerava capaz de controlar as exigências, estas não tinham influência negativa na saúde dos trabalhadores desses grupos.

> As doenças aumentavam quando os indivíduos consideravam que tinham mais exigências do que os outros elementos do grupo e o próprio grupo considerava que tinha baixo controle sobre essas exigências.

De Jonge e colaboradores (1999) também analisaram a importância do controle para explicar o estresse e o bem-estar dos indivíduos e grupos no contexto organizacional e testaram o modelo de Karasek com a percepção individual e a partilhada pelo grupo de trabalho. Consideraram que se a ideia do modelo, segundo a qual a situação era o fator mais relevante para explicar o estresse, fosse verdadeira, então a percepção das exigências e do controle partilhada pelo grupo seriam as mais importantes para explicar o estresse, porque essas percepções grupais partilhadas seriam as mais próximas das objetivas ou reais. Realizaram um estudo com 895 trabalhadores do setor da saúde holandês, pertencentes a 64 grupos, de 16 instituições diferentes, e avaliaram o efeito das exigências e do controle na exaustão emocional, na ansiedade, na motivação e na satisfação com o trabalho. Verificaram que o controle tinha um efeito "atenuador" na relação entre as exigências, a satisfação e a motivação, como previsto pelo modelo. Nas situações de elevado controle, elevadas exigências levavam a uma maior satisfação e motivação. Pelo contrário, nas situações de baixo controle, as elevadas exigências diminuíam a satisfação e mantinham os níveis baixos da motivação. Esse efeito "moderador" era mais acentuado para os dados grupais, demonstrando que as características da situação eram mais importantes para explicar o bem-estar vivido no trabalho, do que as características individuais. No entanto, não foi encontrado nem o efeito moderador, nem o efeito grupal para explicar a saúde dos trabalhadores. As exigências e o controle percebido pelo indivíduo tinham uma contribuição importante para a sua saúde, pois, quando o indivíduo percebia elevadas exigências e baixo controle, considerava ter pior saúde e mesmo com elevado controle as exigências mantinham o seu efeito negativo. Esses resultados mostram que atuar para diminuir o estresse e aumentar o bem-estar no trabalho pode requerer intervenções situacionais que diminuam as exigências e aumentem o controle dos trabalhadores, promovendo o seu bem-estar, e intervenções dirigidas ao indivíduo, aumentando a sua percepção de controle e diminuindo a sua percepção de exigências, para promover a sua saúde.

Lansialmi, Peiró e Kivimaki (2000) demonstraram que, não só o bem-estar, mas também as fontes de estresse e as ações desenvolvidas para lidar com essas mesmas fontes, eram coletivamente definidas. Por meio de uma pesquisa qualitativa, caracterizaram a cultura de três divisões diferentes de uma multinacional. Verificaram que cada uma das divisões tinha diferentes culturas, assim como diferentes definições de bem-estar, diferentes níveis de estresse coletivo e diferentes estratégias para lidar com as situações estressantes. Apesar de existirem estressores semelhantes nas três divisões (excesso de trabalho e risco de desemprego), estes eram avaliados cada um de forma diferente, assim como as estratégias desenvolvidas para enfrentar esses estressores também eram distintas. A cultura não só moderava a percepção dos estressores como produzia estratégias coletivas para com eles lidar.

> Atuar para diminuir o estresse e aumentar o bem-estar no trabalho pode requerer intervenções situacionais que diminuam as exigências e aumentem o controle dos trabalhadores, promovendo o seu bem-estar, e intervenções dirigidas ao indivíduo, aumentando a sua percepção de controle e diminuindo a sua percepção de exigências, para promover a sua saúde.

Considerar essas variáveis, quer do nível grupal, quer no organizacional, tem repercussões não só teóricas, mas também práticas. Em nível teórico, como referido anteriormente, leva-se em conta que existem variáveis do contexto organizacional que interferem no estresse e bem-estar dos indivíduos, independentemente das características específicas destes últimos. Do ponto de vista prático, passamos a considerar, com esta perspectiva, que são imprescindíveis as intervenções dirigidas ao próprio grupo (p. ex.: aumentar a coesão ou a eficácia coletiva) e às organizações (p. ex.: mudar as exigências gerais de trabalho) para promover o bem-estar e diminuir o estresse dos indivíduos.

> A cultura não só moderava a percepção dos estressores como produzia estratégias coletivas para com eles lidar.

Intervenções/procedimentos entre os antecedentes e as consequências [8]

Pelo Quadro 8.1 é possível verificar, nas sínteses, as intervenções e procedimentos utilizados nos quatro centros estudados. Nas verbalizações de C.1.2, ocorrem na forma de propostas e sugestões. São empregados procedimentos da pesquisa-ação, com base na revisão da literatura, elaboração de modelos e prova empírica. Utiliza o Modelo do Balanceamento Afetivo e o Modelo do Balanceamento Esforço-Recompensa. Em poucas palavras, constituem transferência tecnológica, como programa de vigilância epidemiológica, embora não ocorra maior interesse institucional (legislação).

B.1.2 detalha atividades que têm início com uma palestra de sensibilização, seguida pela aplicação de testes de estresse e qualidade de vida (Inventário de Sintomas de Estresse e IQV). Os resultados são individuais e são acompanhados por recomendações. Um relatório gerencial, sem identificações individuais, revela os aspectos quantificados e gerais de estresse e qualidade de vida na organização, além de propor intervenções no âmbito organizacional, na forma de *workshops*. Um procedimento, que nem sempre é aceito, identifica as fontes de estresse na organização. Para indivíduos em fases avançadas de estresse, é proposto o tratamento individual padrão (15 sessões para o controle do estresse), com uma avaliação para confrontar com a linha de base.

P.1.2 relata que, em intervenções na forma de conferências sobre o estresse no contexto organizacional tem enfatizado as possibilidades de reestruturação do trabalho, na qualificação de líderes, na construção de equipes e outras maneiras de redução do estresse. Em intervenção com militares – que prestam missões de paz, em contextos de elevado estresse, que podem ter ocorrências de perda da saúde e, se assim acontece com um ou mais militares, pode vir a ser disseminada rapidamente entre os demais, acarretando prejuízo no investimento que o governo faz – tem sido realizada por meio da identificação de fatores que auxiliam esses militares a enfrentar as situações de estresse e pelo treinamento, anterior ao exercício na missão, no qual são destacados os aspectos positivos e, sobretudo, a realidade que vão encontrar, assim como a importância do funcionamento da equipe, do suporte interpessoal, da liderança e outros. Intervenções efetuadas na corporação de bombeiros e em serviços de atendimento ao cliente têm sido no âmbito individual e na identificação de variáveis organizacionais, na busca de ajuda por meio do conceito de contrato psicológico. Quando as exigências são inerentes à profissão e os recursos escassos, a única intervenção possível é aumentar a resistência da pessoa e do próprio grupo.

Finalmente, para M.1.2, em seu país faltam intervenções em parâmetros efetivos de investigação científica, mormente estudos longitudinais. Considera que uma intervenção integral inclui analisar as condições estressantes para reorganizar o trabalho. Também considera que, na maioria das empresas médias e pequenas, os gerentes não fazem intervenções, e as multinacionais fazem intervenções individuais (práticas esportivas, meditação e outras). Atribuem o estresse aos indivíduos e, se fazem algo além do individual, não divulgam, mas alguns empresários começam a se tornar mais flexíveis, por exemplo, na [empresa multinacional], parecem dispostos a ir além de um curso de prevenção. Considera necessária uma linguagem que atraia os empresários e que já existem, embora de difícil quantificação, procedimentos para avaliar, em termos econômicos, o retorno financeiro dos programas de intervenção.

No geral, pelas sínteses do Quadro 8.1, é possível verificar intervenções que, às vezes, não passam de propostas e sugestões. Em grande parte, as intervenções no âmbito organizacional são feitas na forma de *workshops*, palestras de sensibilização, conferências sobre o estresse no contexto organizacional, precedidas pela identificação de fatores que auxiliam a enfrentar as situações de estresse. Na sequência, instrumentos específicos são utilizados quando os dirigentes permitem, mas nem sempre é aceito identificar as fontes de estresse na organização, havendo forte tendência de atribuí-lo aos indivíduos. Quando possível, é no âmbito do treinamento que se atinge a coletividade organizacional. Contudo, ocorre o aten-

> Em grande parte, as intervenções no âmbito organizacional são feitas na forma de *workshops*, palestras de sensibilização, conferências sobre o estresse no contexto organizacional, precedidas pela identificação de fatores que auxiliam a enfrentar as situações de estresse.

Quadro 8.1. Sínteses das verbalizações dos participantes deste estudo relativas às Intervenções/Procedimentos

- → Intervenções ocorrem na forma de propostas e sugestões (C.1.2)
- → Constituem transferência tecnológica, como programa de vigilância epidemiológica, mas não há interesse institucional (legislação) (C.1.2)
- → Aplicação do Modelo do Balanceamento Afetivo e do Modelo do Balanceamento Esforço-Recompensa (C.1.2)
- → Procedimentos da pesquisa-ação, com base na revisão da literatura, elaboração de modelos e prova empírica (C.1.2)
- → Um procedimento padrão é realizado individualmente em 15 sessões para o controle do estresse (B.1.2)
- → Intervenções nas organizações têm início com uma palestra de sensibilização, seguida pela aplicação de testes de estresse e qualidade de vida (Inventário de Sintomas de Estresse e IQV). Os resultados são individuais e acompanhados por recomendações. Além disso, um relatório gerencial, sem identificações individuais, revela os aspectos quantificados e gerais de estresse e qualidade de vida na organização. Também contém propostas de intervenções no âmbito organizacional, em geral na forma de *workshops*. Para indivíduos em fases avançadas de estresse, é proposto o tratamento individual padrão, seguido de avaliação para confrontar com a linha de base (B.1.2)
- → Um procedimento, nem sempre aceito, identifica as fontes de estresse na organização (B.1.2)
- → Quando as exigências são inerentes à profissão, e os recursos, escassos, a intervenção que resta possível é aumentar a resistência da pessoa (P.1.2)
- → A intervenção junto aos bombeiros e outros serviços de atendimento ao cliente tem sido no âmbito individual, mas também na identificação de variáveis organizacionais e na busca de ajuda por meio do conceito de contrato psicológico (P.1.2)
- → Nas intervenções na forma de conferências sobre o estresse no contexto organizacional tem sido dada ênfase nas possibilidades de reestruturação do trabalho, na qualificação de líderes, na construção de equipes e outras maneiras de reduzir o estresse (P.1.2)
- → A intervenção com militares – que prestam missões de paz, em contextos de elevado estresse, com eventuais ocorrências de perda da saúde e, se assim acontece com um ou mais militares, pode vir a ser disseminada rapidamente entre os demais, acarretando prejuízo ao investimento que o governo faz – tem sido realizada por meio da identificação de fatores que os auxiliam a enfrentar as situações de estresse e pelo treinamento, anterior ao exercício na missão, no qual são destacados os aspectos positivos e, sobretudo, a realidade que vão encontrar, assim como a importância do funcionamento da equipe, do suporte interpessoal, da liderança e outros (P.1.2)
- → No México, faltam intervenções em parâmetros efetivos de investigação científica, mormente de estudos longitudinais (M.1.2)
- → Na maioria das empresas médias e pequenas, os gerentes não fazem intervenções. As multinacionais fazem intervenções individuais (práticas esportivas, meditação e outras). Atribuem o estresse aos indivíduos e, se fazem algo além do individual, não divulgam (M.1.2)
- → Uma intervenção integral inclui analisar primeiro as condições estressantes para reorganização do trabalho (M.1.2)
- → Alguns empresários começam a se tornar mais flexíveis, por exemplo, a [Empresa multinacional], que parecem dispostos a ir além de um curso de prevenção (M.1.2)
- → Embora de difícil quantificação, já existem procedimentos para avaliar, em termos econômicos, o retorno financeiro dos programas de intervenção (M.1.2)
- → Linguagem que atrai os empresários, mas afasta os investigadores radicais (M.1.2)

dimento individual ou uso de procedimentos para aumentar a resistência das pessoas quando as exigências são inerentes à profissão ou cargo, e os recursos, escassos. As intervenções relatadas guardam semelhanças com os procedimentos de pesquisa-ação. Fala-se em carência de intervenções em base de parâmetros efetivos de investigação científica, sobretudo de estudos longitudinais.

Carayon, Smith e Haims (1999) discutem aspectos da organização do trabalho postulados como estressores: condições desfavoráveis à segurança no trabalho, falta de treinamento e de orientação, pressão para a produtividade, retaliação, falta de controle sobre a tarefa, relação abusiva entre supervisores e subordinados e ciclos trabalho-descanso que desrespeitam os limites biológicos. A ocorrência desses aspectos nas situações de trabalho, se associados a disposições genéticas, ao estilo de vida e à capacidade de enfrentamento do indivíduo, somadas à intensidade e duração dos estressores (Lipp, 1996), tornam provável a manifestação do estresse patológico, com consequências nocivas à saúde do trabalhador (Theorell, 1999). Portanto, programas de prevenção ou de controle do estresse nas situações de trabalho são elaborados tanto para reparar a organização como para atender individualmente o trabalhador (Rey e Bousquet, 1995; Hemingway e Smith, 1999; Van der Heck e Plomp, 1997). Procedimentos voltados aos estressores do ambiente da organização, no geral, focam as condições de trabalho, possibilidades de participação, de treinamento e desenvolvimento, de autonomia nas tarefas, a estrutura e a cultura como elementos que afetam as relações interpessoais. O rearranjo na organização do trabalho tem claramente um caráter preventivo e promove a saúde (Stokols, 1992), enquanto auxiliar o indivíduo no aprendizado de enfrentamentos pode reduzir os efeitos progressivos dos estressores, mas pode também prepará-lo para desenvolver comportamentos saudáveis e consolidar relações que potencializam o bem-estar individual e coletivo (Salovey et al., 2000). Procedimentos diversos podem ser utilizados em atendimentos individuais ou em pequenos grupos: esclarecimentos sobre as causas e manifestações do estresse, treino em assertividade, controle do tempo,

> As intervenções relatadas guardam semelhanças com os procedimentos de pesquisa-ação.

> O rearranjo na organização do trabalho tem claramente um caráter preventivo e promove a saúde.

reestruturação cognitiva, manejo da raiva, relaxamento, meditação e outras técnicas.

Atendimentos apenas com foco no indivíduo podem reforçar a percepção dos gestores de que as inadequações podem ser tratadas ou corrigidas sem modificações efetivas nas fontes organizacionais de estresse. Intervenções que não alteram rotinas de trabalho, não colocam de algum modo políticas e práticas administrativas em prova e, em última instância, não questionam os pressupostos culturais, tendem a ter maior receptividade dos dirigentes. Além disso, usualmente têm um custo menor com planejamento e execução (Bellarosa e Chen, 1997). Contudo, especialmente nas organizações onde o grau de autonomia e controle do trabalhador é escasso, intervenções no ambiente de trabalho, somadas a procedimentos destinados a indivíduos e grupos vulneráveis, são as mais indicadas.

A título de exemplo, no Centro de Portugal, participante deste estudo, desenvolveu-se uma investigação-ação junto a um corpo de intervenção de bombeiros. Esses profissionais têm a missão especial de atuar em nível nacional, em situações de catástrofe. Depois de realizado um diagnóstico aprofundado por meio de uma observação participante (cada participante respondeu a um questionário, foram realizados grupos focais com toda a equipe e acompanhadas as atividades desenvolvidas pelos profissionais durante duas semanas), desenhou-se um programa de intervenção com oito sessões coletivas, para aumentar a utilização, por parte de cada um dos profissionais e do grupo no seu conjunto, de estratégias eficazes de enfrentamento das situações estressantes. No final, realizou-se uma avaliação de um modo semelhante ao diagnóstico inicial, a qual permitiu desenhar um novo programa de intervenção e aperfeiçoamento.

Intervenções combinadas, muitas vezes, são as mais próprias para contextos com grande variabilidade de estressores. Em qualquer alternativa, a caracterização dos estressores e dos seus efeitos no ambiente é um procedimento indispensável (Hawe, Degeling e Hall, 1990). Sob o nome de caracterização dos estressores encontram-se desde pesquisas com forte cunho acadêmico-científico, como dissertações e teses, até os chamados diagnósticos, se respaldados em articulação teórico-metodológica consistente.

> Intervenções combinadas, muitas vezes, são as mais próprias para contextos com grande variabilidade de estressores.

Há que se considerar as contingências estressoras inerentes a certas profissões, cargos, situações e mesmo organizações nas quais as fontes de estresse fazem parte da natureza das atividades prescritas. Nesses casos, os procedimentos de intervenção ficam quase restritos ao desenvolvimento de controle emocional para que indivíduos aprendam a lidar com diversos e intensos estressores que devem ser enfrentados. No entanto, na maior parte das organizações, a compreensão e o comprometimento dos dirigentes com o programa são imprescindíveis para obter adesão e minimizar desistências. Como em outras atividades de mudança comportamental em organizações de trabalho, é no nível estratégico e decisório que devem ter início os *workshops* e as atividades de conscientização. Também os resultados, limitações e implicações do trabalho realizado devem ser discutidos com os dirigentes, em linguagem apropriada, e estendidos aos demais participantes do programa de intervenção. Nessa medida, as intervenções se assemelham aos procedimentos de pesquisa-ação quando são identificados problemas relevantes para a comunidade organizacional e incrementam o conhecimento das pessoas ligadas à situação e o conhecimento do próprio pesquisador (Thiollent, 1994). Por fim, espera-se construir padrões de análise das circunstâncias e comportamentos e possibilitar que os participantes desenvolvam capacidades para transformar suas ações e as práticas institucionais.

> Como em outras atividades de mudança comportamental em organizações de trabalho, é no nível estratégico e decisório que devem ter início os *workshops* e as atividades de conscientização.

Se a finalidade do programa de intervenção é desenvolver competências, tanto organizacionais como individuais, de controle saudável das variáveis relacionadas ao estresse, torna-se necessário avaliar os resultados obtidos ao longo do tempo, com procedimentos de verificação que comprovem a capacidade adquirida como objetivo do programa e o repertório comportamental existente na fase inicial ou diagnóstica. Assim sendo, é possível falar em avaliação longitudinal de indicadores individuais e organizacionais para estimar os efeitos da intervenção a médio e longo prazo. Idealmente, instrumentos válidos devem ser utilizados não apenas para realizar pré e pós-testes, mas também em delineamentos de grupos de comparação (experimental e controle) que forneçam premissas para conclusões legítimas. Embora pouco frequentes, delineamentos com grupo controle, seleção randômica e uso de medidas psicológicas, fisiológicas e organizacionais confiáveis para verificar a validade interna estão disponíveis (Murphy, 1996). Delineamentos experimentais ou quase-experimentais com grupos de controle adequados e acompanhamentos são recomendáveis para avançar o conhecimento científico do fenômeno. Contudo, quando ocorrem, as avaliações parecem ficar restritas à análise de necessidades, do processo e de resultados (Posavac e Carey, 1997).

> Idealmente, instrumentos válidos devem ser utilizados não apenas para realizar pré e pós-testes, mas também em delineamentos de grupos de comparação (experimental e controle) que forneçam premissas para conclusões legítimas.

Consequências além das intervenções/procedimentos e seus antecedentes [9]

Quanto às consequências das intervenções e procedimentos que vêm ocorrendo nos quatro centros estudados, apresentadas nas sínteses do Quadro 9.1, os participantes deste estudo expressam aprendizagens relativas à importância de realizar observações longitudinais (manter a amostra em período relativamente longo) (P.1.2), à necessidade de ampliar os estudos para além das variáveis organizacionais e certificar-se de que o aumento na produtividade pode ser atribuído à intervenção (C.1.2). M.1.2 destaca que é preciso desenvolver modelos adequados às nossas diferenças culturais, rever as ideias de diagnóstico e intervenção em estresse e evitar a concepção unidimensional que polariza o eutress e o distress, como se fossem dimensões independentes.

Como consequências práticas, nota-se que o tempo de duração das intervenções depende da quantidade de procedimentos que são utilizados e do tamanho da organização (B.1.2); que as empresas, em muitas ocasiões, não fazem o que foi sugerido pelo pesquisador/consultor (C.1.2), e que a mentalidade dos gestores tende a tornar as intervenções atrasadas em relação aos avanços da pesquisa, porque não se dispõem a mudar a organização (P.1.2). Além disso, há uma difusão na cultura de valores nocivos à saúde, que tendem a naturalizar o estresse e tornar a organização enferma (M.1.2).

As intervenções abrem novas possibilidades de intervenção (B.1.2) ou resultam em novas propostas de continuidade do trabalho (P.1.2), quando há receptividade dos dirigentes. Revertem em maior eficácia profissional (P.1.2), melhoria da produtividade (C.1.2) (B.1.2), bons resultados econômicos, psicológicos e sociais (M.1.2); reduzem gastos, melhoram o desempenho funcional e da qualidade de vida, diminuem as licen-

Quadro 9.1. Sínteses das verbalizações dos participantes deste estudo relativas às Consequências

→ As empresas, em muitas ocasiões, não fazem o que foi sugerido (C.1.2)
→ É necessário alertar as empresas, com base em estudos científicos que, quando há melhoria no estresse ou na qualidade de vida, melhora a produtividade (C.1.2)
→ Relatos de aumento na produtividade não têm sido acompanhados de avaliação da transferência, atribuível à intervenção (C.1.2)
→ Necessidade de ampliar os estudos para além das variáveis organizacionais (inserção do trabalhador na vida comunitária, social e familiar) (C.1.2)

→ Após os procedimentos de intervenção, abrem-se novas possibilidades de intervenções e resultam em melhor qualidade de vida, menor nível de estresse e melhor produtividade. Além disso, diminuem as licenças médicas, o absenteísmo, as fofocas, aumentando a satisfação com a organização de forma geral (B.1.2)
→ O tempo de duração das intervenções depende do volume de procedimentos que são utilizados e do tamanho da organização (B.1.2)
→ Existem evidências de redução de gastos decorrentes de licenças e atendimentos médicos especializados e melhoria do desempenho funcional (B.1.2)

→ Fortalecer a resistência aos fatores de estresse resulta em maior eficácia profissional (P.1.2)
→ As atividades de intervenção tendem a ficar atrasadas em relação aos avanços da pesquisa devido à mentalidade dos gestores, que se surpreendem com a evidência da necessidade de mudar aspectos da organização e reduzem as oportunidades de intervenção (P.1.2)
→ Os militares em missões de paz reagem favoravelmente depois do treinamento de prevenção e confronto com as situações de estresse (P.1.2)
→ Do ponto de vista da pesquisa, associada à intervenção, a manutenção da amostra é ótima, quando os sujeitos são observados ao longo do tempo (estudos longitudinais) (P.1.2)
→ O trabalho com os militares em missões de paz resultou em nova proposta, em que está sendo planejada uma pesquisa a ser aplicada na formação de sargentos, para incentivar a fidelidade aos compromissos com os objetivos do exército (P.1.2)

→ As consequências de valores culturais nocivos, contrários à saúde, é naturalizar, difundir o estresse e tornar a organização enferma (M.1.2)
→ É preciso ressaltar aspectos positivos na cultura do trabalho e fortalecer os preditores de energia e entusiasmo, como o apoio social do chefe, dos companheiros e da família, além da autonomia nas tarefas, o sentimento de autoeficácia e o controle das emoções (M.1.2)
→ É preciso rever as ideias de diagnóstico e intervenção em estresse e evitar a concepção unidimensional que polariza o eutress e o distresse como se fossem dimensões independentes (M.1.2)
→ É preciso incentivar as associações de profissionais que compreendem o fenômeno do estresse, mas sabem falar a linguagem empresarial e podem avaliar resultados econômicos, psicológicos e sociais (M.1.2)
→ É preciso desenvolver modelos adequados às nossas diferenças culturais e observar características culturais que podem funcionar como redutoras do estresse, como pode ser a religiosidade (M.1.2)

ças médicas, o absenteísmo e as fofocas, aumentando a satisfação com a organização de forma geral (B.1.2). É preciso compreender o fenômeno do estresse, mas também saber falar a linguagem empresarial (M.1.2). Também é preciso ressaltar aspectos positivos na cultura do trabalho e fortalecer os preditores de energia e entusiasmo (M.1.2).

É possível confirmar nos conteúdos centrais das sínteses do Quadro 9.1 que é relevante incrementar a quantidade de estudos longitudinais, incluir variáveis externas à organização, constatar, com procedimentos científicos seguros, as consequências favoráveis das intervenções e desenvolver modelos pertinentes, do ponto de vista cultural e conceitual. Na prática, as intervenções dependem de aspectos vários, desde os de mais fácil apreensão, como o tamanho da organização, até os menos perceptíveis, como os relacionados à mentalidade dos gestores e aos valores culturais. Não obstante, resultados favoráveis à produtividade, melhoria de desempenho, redução de custos e saúde da coletividade potencializam a continuidade do trabalho, em novas intervenções.

> Resultados favoráveis à produtividade, melhoria de desempenho, redução de custos e saúde da coletividade potencializam a continuidade do trabalho, em novas intervenções.

Delineamentos de pesquisa podem ser descritivos, correlacionais ou experimentais, dependendo dos objetivos do pesquisador (Cone, 2002). Estudos descritivos são empregados com a finalidade de revelar aspectos do fenômeno em tantas minúcias quanto possível. Estudos correlacionais, por sua vez, detêm maior sofisticação e requerem estatística multivariada para a descoberta de relações entre variáveis. Mas são os estudos experimentais, quase-experimentais, pré-experimentais e longitudinais (Cook e Shadish, 1994) que possibilitam identificar determinações ou multideterminações entre variáveis. O uso de delineamentos experimentais e quase-experimentais em situações de trabalho é envolvido por muitas restrições práticas e éticas. Na maioria das intervenções em estresse e na pesquisa de outros fenômenos comportamentais, estudos longitudinais são os que têm maior viabilidade. Mesmo assim, Faerstein e colaboradores (2005) argumentam que estudos longitudinais de populações saudáveis em idade laboral nas grandes me-

> Estudos descritivos são empregados com a finalidade de revelar aspectos do fenômeno em tantas minúcias quanto possível. Estudos correlacionais, por sua vez, detêm maior sofisticação e requerem estatística multivariada para a descoberta de relações entre variáveis.

trópoles brasileiras são ainda escassos. Nos estudos longitudinais ou de corte, frequentes em avaliações epidemiológicas, os sujeitos selecionados com base em uma ou mais características determinadas são acompanhados, registrando-se a incidência do fenômeno sob observação. Além de servir para o controle da eficácia prática, essas avaliações são fundamentais para análise da legitimidade teórica e conceitual dos modelos propostos na intervenção.

A eficácia dos programas de intervenção na área do estresse tem sido avaliada de modos diferentes em diversos estudos; por exemplo: ela pode ser medida em nível empresarial, considerando-se o índice de absenteísmo ou de produtividade antes e após a intervenção, ou em nível pessoal, com avaliação dos sintomas presentes tanto psicológicos como físicos. Richardson e Rothstein (2008), em seu estudo de meta-análise, avaliaram a eficácia de 55 intervenções destinadas ao manejo do estresse no ambiente do trabalho. As intervenções foram classificadas como cognitivo-comportamental, relaxamento, organizacional, multimodal ou alternativa. Verificaram que a intervenção mais utilizada era o relaxamento e a menos utilizada era a organizacional, que previa mudanças nos aspectos empresariais estressantes. Análises estatísticas mostraram um efeito moderado associado ao tipo de intervenção sendo que a cognitivo-comportamental foi a que produziu sistematicamente melhores resultados. Esses dados dão apoio ao estudo de Lucini e colaboradores (2008) que, em um trabalho realizado na Itália com 170 empregados de uma empresa multinacional com sede nos Estados Unidos, avaliou a eficácia de uma intervenção cognitivo-comportamental realizada no próprio ambiente de trabalho. A medida utilizada como parâmetro foi a reversão do perfil de sintomas e da desregulação cardiovascular dos trabalhadores. Os dados coletados evidenciaram uma redução significativa na variabilidade cardiovascular dos participantes após um treinamento que incluiu técnicas de reestruturação cognitiva e relaxamento mental.

> Verificaram que a intervenção mais utilizada era o relaxamento e a menos utilizada era a organizacional, que previa mudanças nos aspectos empresariais estressantes.

Os gestores e outros participantes nas organizações de trabalho têm interesse em acompanhar os resultados da intervenção. Os recursos de avaliação de programas servem, portanto, não só para demonstrar a pertinência teórico-metodológica, mas também para prover informações aos tomadores de decisão no que diz respeito à condução do programa, utilização dos modelos, dos procedimentos e instrumentos. Em outras palavras, atendem tanto aos objetivos de demonstração da relevância científica como social.

> Os gestores e outros participantes nas organizações de trabalho têm interesse em acompanhar os resultados da intervenção.

Há uma responsabilidade social e ética de esclarecimento aos gestores, à comunidade organizacional e à sociedade, de forma ampla, sobre eventuais riscos da estruturação do trabalho e de suas organizações. Nesse sentido, divulgar as ações praticadas nos programas de prevenção de estresse, como base para melhorar a qualidade de vida, saúde e bem-estar faz parte das atividades dos profissionais comprometidos com as intervenções aqui mencionadas. Além da produtividade e do lucro, que caem quando se perde saúde, a humanização da cultura, dos valores que sustentam a cultura, depende da mudança de mentalidade dos gestores. E tal mudança só se efetiva se reforçada pelo acompanhamento dos trabalhadores e por políticas institucionais internas e externas à organização, em defesa da preservação e da promoção da saúde no trabalho.

> Divulgar as ações praticadas nos programas de prevenção de estresse, como base para melhorar a qualidade de vida, saúde e bem-estar faz parte das atividades dos profissionais comprometidos com as intervenções aqui mencionadas.

Conclusões [10]

As teorias que foram mencionadas nos centros estudados, nos quatro países, têm clara proximidade entre si. O ponto de partida tem sido o pioneiro Hans Selye e os demais autores estão, de algum modo, amparados nos pressupostos comportamentalistas, cognitivistas e construtivistas. Entre eles, destacam-se pesquisadores usualmente denominados comportamental-cognitivistas: Lazarus e Lazarus, Bradbum, Everly, Meichenbaum, Spielberger, Bandura e Seligman. Também são destacados os modelos produzidos: Modelo de Karasek, Modelo de Schaufeli e equipe – *Job Demand Resources,* Modelo de Siegrist – balanceamento esforço-recompensa, modelo de Lipp – Modelo Quadrifásico do Estresse. Todos os modelos estão alicerçados em referências epistemológicas objetivistas, no sentido de que o entorno físico e social tem participação determinante no fenômeno do estresse, em estreita conexão com as formações cognitivas e emocionais que estão na base das ações de cada pessoa. Assim, variáveis de natureza subjetiva, interdependentes de um substrato biológico, são analisadas em contínua interação com as condições do ambiente externo ao organismo.

Os modelos teóricos são percebidos em suas limitações e estão sendo aperfeiçoados do ponto de vista da construção científica, mas têm utilidade prática. Muitas vezes, as insuficiências de algumas teorias e conceitos são compensadas por outras teorias. Isso acentua a necessidade de que se desenvolva um modelo integrador.

Os resultados ou consequências da utilização das teorias ou dos modelos teóricos estão associados às pesquisas que são realizadas nos quatro centros estudados. Novas pesquisas e redirecionamentos nas intervenções têm sido decorrentes das descobertas que são produzidas. Estão relacionadas a aspectos considerados relevantes, com realce para o controle emocional, autoeficácia, insegurança no emprego, falta de recursos para o trabalho e compartilhamento na equipe.

Tanto quanto as teorias, os procedimentos que são empregados nos quatro centros têm clara proximidade entre si. Em todos eles, as intervenções no âmbito organizacional são feitas na forma de *workshops*, palestras de sensibilização, conferências sobre o estresse no contexto organizacional, precedidas pela identificação de fatores que auxiliam a enfrentar as situações de estresse. Intervenções na organização do trabalho ou dos processos produtivos são menos frequentes em razão das resistências apresentadas pelos dirigentes. Atendimentos individuais são realizados para aumentar a resistência das pessoas, quando as exigências são inerentes à profissão ou cargo e em organizações com escassez de recursos.

> Novas pesquisas e redirecionamentos nas intervenções têm sido decorrentes das descobertas que são produzidas.

> Intervenções na organização do trabalho ou dos processos produtivos são menos frequentes em razão das resistências apresentadas pelos dirigentes.

As escolhas dos procedimentos e alternativas de intervenções são feitas a partir de pesquisa ou de alguma forma de diagnóstico, linha de base ou caracterização preliminar do ambiente de trabalho. A dimensão da cultura tem importância crucial, porque são os valores culturais que estão na origem das atitudes e comportamentos prevalecentes e recorrentes na organização. Entre esses valores, há uma tendência de atribuir o estresse aos indivíduos e subestimar as fontes estressoras organizacionais.

Pelos resultados ou consequências das intervenções realizadas e dos procedimentos utilizados nos quatro centros, é possível concluir que é necessário incrementar o número de estudos calcados em delineamentos que aumentem as chances de assegurar, na perspectiva metodológica e conceitual, modelos pertinentes e compatíveis com a cultura de cada comunidade. Entretanto, as intervenções têm resultado em melhoria da produtividade, do desempenho, da saúde da coletividade e a redução

> É necessário incrementar o número de estudos calcados em delineamentos que aumentem as chances de assegurar, na perspectiva metodológica e conceitual, modelos pertinentes e compatíveis com a cultura de cada comunidade.

de custos. Os resultados práticos abrem novas possibilidades de intervenções na organização.

As restrições do tempo de permanência nos locais estudados podem ter prejudicado a abrangência dos dados que foram obtidos; contudo, suficientes o necessário para as identificações e descrições pretendidas. Sem dúvida, outros centros, núcleos ou unidades de estudos e pesquisas ou unidades de atendimento a indivíduos e a organizações humanas sob necessidade de intervenções profissionais para diminuir os danos que o trabalho pode provocar, bem como mais participantes podem ser investigados em países de diferentes graus de desenvolvimento social e econômico, com a finalidade de comparar e complementar esta sistematização.

Posfácio

Embora seja certo que a globalização e os processos de trabalhos atuais tenham se convertido inevitavelmente em condições que prejudicam a saúde dos trabalhadores, talvez seja um erro generalizar para o trabalho, em si mesmo, que caracteriza uma perene interação do ser humano com o ambiente, algo negativo. De modo contrário, chegaríamos à conclusão falaciosa de "não trabalhar" para evitar danos à saúde.

Em múltiplos estudos têm sido demonstrada a relação entre desemprego, problemas de saúde e estresse (Gascón et al., 2003), tanto como a aposentadoria e a mortalidade (Jadraque, 2003). É bem sabido que o trabalho não apenas provê recursos econômicos aos trabalhadores como, também, proporciona identidade, significado, pertencimento e realização pessoal.

> O trabalho não apenas provê recursos econômicos aos trabalhadores como, também, proporciona identidade, significado, pertencimento e realização pessoal.

Em um estudo recente (Chambel, no prelo), que inclui dados de dez países europeus (Dinamarca, França, Espanha, Eslovênia, Suécia, Irlanda, Hungria, Grã-Bretanha, Alemanha e Portugal), do International Social Survey Programme (ISSP), de 2006, foi possível verificar que a percentagem de trabalhadores que preferia não trabalhar era muito reduzida, não ultrapassando 2,5% em nenhum dos países. A maioria desses trabalhadores prefere ter um trabalho em tempo integral, existindo apenas cerca de 30% que prefere ter um trabalho em tempo parcial (15 a 34 horas semanais).

O enfoque dos efeitos negativos do trabalho tem fornecido numerosas teorias, modelos, metodologias e instrumentos para sua avaliação e intervenção. O mesmo não ocorre com o enfoque dos efeitos positivos. Seligman (2008) tem insistido na necessidade de mudar a ênfase da Psicologia nos aspectos negativos para um paradigma positivo. Ou seja, estudar não só as debilidades e males ao ser humano, mas também suas oportunidades e potencialidades – o que tem sido chamado de Psicologia Positiva. Esse movimento é tão importante na atualidade quanto podemos considerar que o grande desafio das organizações atuais consiste na gestão do capital humano. É essa gestão que permite assegurar que os seus empregados são pró-ativos, demonstram iniciativa, colaboram de um modo eficaz com as suas equipes, procuram desenvolver as suas competências e comprometem-se em assegurar um desempenho eficaz; isto é, são empregados com elevado bem-estar (Schaufeli e Salanova, 2008).

> O enfoque dos efeitos negativos do trabalho tem fornecido numerosas teorias, modelos, metodologias e instrumentos para sua avaliação e intervenção. O mesmo não ocorre com o enfoque dos efeitos positivos.

Assim como a saúde não deve ser entendida apenas como ausência de enfermidade, os efeitos positivos do trabalho não devem ser considerados como a ausência dos efeitos negativos e, pelo exposto, deve ser reconhecida sua coexistência e, portanto, a necessidade de sua avaliação e promoção em centros de trabalho. Juárez-García (2008), em estudo realizado com uma amostra de trabalhadores mexicanos de diferentes setores ocupacionais (n=854), encontrou que as pontuações obtidas para os efeitos psicológicos positivos, tais como a satisfação e os sentimentos de competência, foram fortemente superiores aos negativos (aborrecimento, estresse e esgotamento), sugerindo que o trabalho, antes que negativo, tem um efeito positivo.

> Assim como a saúde não deve ser apenas entendida apenas como ausência de enfermidade, os efeitos positivos do trabalho não devem ser considerados como a ausência dos efeitos negativos e, pelo exposto, deve ser reconhecida sua coexistência e, portanto, a necessidade de sua avaliação e promoção em centros de trabalho.

Sabe-se pouco sobre modelos integrativos dos efeitos positivos do trabalho, que conciliem variáveis como a satisfação, o prazer, a felicidade, a motivação e outros. Sem dúvida, a integração dessas variáveis em um modelo explicativo segue como uma tarefa pendente. Uma tentativa de realização é o Modelo de *Engagement* (Maslach e Leiter, 1997), referente a um construto motivacional positivo relacionado com o trabalho e que se caracteriza por vigor, absorção e dedicação ao trabalho. Diversos estudos tem mostrado a superioridade de pontuações de *engagement* sobre *burnout* em diversas populações (Salanova et al., 2000).

> Sabe-se pouco sobre modelos integrativos dos efeitos positivos do trabalho, que conciliem variáveis como a satisfação, o prazer, a felicidade, a motivação e outros.

Também nas investigações levadas a cabo na equipe de Chambel, em Lisboa, se tem verificado que, mesmo em contextos e profissões habitualmente considerados com elevado estresse e mal-estar, encontramos níveis elevados de bem-estar e motivação. Em um estudo longitudinal com militares que cumprem missões de paz (n=383), no qual pode ser considerada uma população que vive uma situação estressante – eles estão afastados do seu país, do seu contexto habitual de trabalho e dos seus familiares e amigos; lidam com populações em sofrimento e que vivem situações de elevada pobreza e de guerra. Observou-se que, apesar de existir um aumento significativo dos níveis de *burnout* – medido com a versão portuguesa (Marques Pinto, 2000) do Maslach Burnout Inventory – General Survey (MBI-GS; Schaufeli et al., 1996) e um decréscimo dos seus níveis de *engagement* (versão portuguesa da Utrecht Work Engagement Scale (UWES; Schaufeli, et al., 2002) ao longo da missão. O seu nível de *engagement* mantém-se com valores bastante positivos, revelando posições próximas de 5, em uma escala cujo valor máximo é 6, enquanto os níveis de *burnout* não ultrapassam os valores de 1 ou 1,7 na mesma escala. Em um estudo longitudinal com professores (n=175) foram analisados os níveis de *burnout* (MBI- Ed, versão para professores do *Maslach Burnout Inventory* (Maslach et al., 1996), na versão portuguesa traduzida e adaptada por Marques Pinto, 2000) e os níveis de motivação intrínseca (satisfação e desafio) (Amabile et al., 1994), no inicio do ano letivo (T1) e no final do ano letivo (T2). Verificou-se que apesar dos professores apresentarem níveis relativamente elevados de exaustão (próximos de 3) e destes se manterem estáveis ao longo do ano, os seus níveis de motivação intrínseca também eram elevados (mesmo a satisfação, que diminuía de forma significativa no final do ano, mantinha-se elevada), como indicam os seus valores próximos de 3, numa escala cujo valor máximo era 4. Por fim, em um estudo com enfermeiros (n=352) e outro com técnicos de emergência médica (n=110), populações que também têm tido múltiplos estudos confirmando serem profissões com níveis elevados de estresse e mal-estar, verificou-se, mais uma vez, que apesar dos níveis de *burnout* desses profissionais serem elevados (valores próximos de 2,5 para a exaustão e próximos de 1,5 para o cinismo), também observou-se que os seus níveis de *engagement* são elevados (superiores a 4, numa escala de 6 pontos).

Condições de trabalho que têm efeitos positivos são essencialmente psicossociais, tais como: o reconhecimento, a autonomia, o apoio social; e também de personalidade, tais como: a autoeficácia e o *locus* de controle (Juárez-García, 2005). De modo semelhante, no estudo realizado com os enfermeiros (já citado), Chambel e sua equipe verificaram que diferentes recursos disponíveis na organização – autonomia e suporte dado pelos colegas e pelo chefe – levam ao desenvolvimento do *engagement*, o qual, por sua vez, influencia o nível de desempenho e os comportamentos de cidadania desses profissionais.

> Condições de trabalho que têm efeitos positivos são essencialmente psicossociais, tais como: o reconhecimento, a autonomia, o apoio social; e também de personalidade, tais como: a autoeficácia e o *locus* de controle.

Por tudo isso, é importante entender que a dinâmica interação de trabalho do ser humano pode ter resultados positivos e negativos, que a mais adequada e integral prevenção e intervenção requer eliminar as condições nocivas de trabalho e promover as positivas.

Referências

ALLEN, T. et al. Consequences associated with work-to-family conflict: a review and agenda for future research. *Journal of Occupational Health Psychology*, Washington, v. 5, n. 2, p. 278-308, 2000.
AMBILE, T. A. et al. The work preference inventory: assessing intrinsic and extrinsic motivational orientations. *Journal of Personality and Social Psychology*, Washington, v. 66, n. 5, p. 950-967, 1994.
AMORIN, C. Síndrome de burnout em fisioterapeutas e acadêmicos de fisioterapia. In: BENEVIDES-PEREIRA, A. M. T. (Org.). *Burnout:* quando o trabalho ameaça o bem-estar do trabalhador. São Paulo: Casa do Psicólogo, 2002.
ANTONIOU, A. S. G.; COOPER, C. L. (Eds.) *Research companion to organizational health psychology*. Cheltenham, UK: Edward Elgar Publishing, 2005.
ANTUNES, R. Material e imaterial. *Folha de São Paulo*. São Paulo, 13 de ago, 2000. Caderno Mais! p. 4.
ARANDA BELTRÁN, C. et al. Factores psicosociales y síndrome de burnout en médicos de familia. Anales de la Facultad de Medicina, Peru, v. 66, n. 3, p. 225-231, jul. 2005.
ARANTES, M. A. C.; VIEIRA, M. J. F. *Estresse*. São Paulo: Casa do Psicólogo, 2002.
ARIAS, G. F.; JUÁREZ-GARCÍA, A. *Calidad de vida en el trabajo*. México: UAEM, 2008. No prelo.
ARONSSON, G.; GUSTAFSSON, K.; DALLNER, M. Work environment and health in different types of temporary jobs. *European Journal of Work and Organizational Psychology*, v.11, n. 2, 151-175, jun. 2002.
ARTHUR, A. R. Employee assistance programmes: the emperor's new clothes of stress management? *British Journal of Guidance and Counselling*, v. 28, n. 4, p. 549-559, 2000.
ARYEE, S.; BUDHWAR, P. S.; CHEN, Z. X. Trust as a mediator of the relationship between organizational justice and work outcomes: test of a social exchange model. *Journal of Organizational Behavior*, v. 23, n. 3, p. 267-285, 2001.
ASOCIACIÓN CHILENA DE SEGURIDAD. *Normas Legales sobre Accidentes del Trabajo y Enfermedades Profesionales*. [S.l.]: Asociación Chilena de Seguridad, 2002.
ASSMAR, E. M. L.; FERREIRA, M. C. Da injustiça organizacional ao estresse e ao esgotamento profissional. In: TAMAYO, A. (Org.) *Estresse e cultura organizacional*. São Paulo: Casa do Psicólogo, 2008. p. 282-331.

ATKINSON, W. Stress: risk management's most serious challenge? *Risk Management*, v. 51, n. 6, p. 20-24, 2004.
BAKKER, A. B. et al. A multi-group analysis of Job Demands-Resources model in four home care organizations. *International Journal of Stress Management*, v. 10, p.16-38, 2003.
BAKKER, A. B. et al. *Job resources boost work engagement, particularly when job demands are high*. 2006. No prelo.
BAKKER, A. B., DEMEROUTI, E. The job demands-resources model: state of the art, *Journal of Managerial Psychology*, v. 22, p. 309-328, 2007.
BAKKER, A. B.; DEMEROUTI, E. The job demand-resource model: the state of the art. *Jornal of Managerrial Psychology*, v. 22, n. 3, p. 309-328, 2007.
BAKKER, A. B.; DEMEROUTI, E.; EUWEMA, M. C. Job resources buffer the impact of job demands on burnout. *Journal of Occupational Health Psychology*, v. 10, n. 8, p. 170-180, 2005.
BAKKER, A. B.; DEMEROUTI, E.; VERBEKE, W. Using the job demands-resources model to predict burnout and performance. *Human Resource Management*, v. 43, n. 1, p. 83-104, Spring 2004.
BANDURA, A. *Social foundantions of thought e action:* a social cognitive theory. Englewood Cliffs: Prentice Hall, 1986.
BANDURA, A. *Social learning theory*. Englewood Cliffs, NJ: Prentice Hall, 1977.
BARBOSA, R. *A relação entre a síndrome de burnout e o comprometimento organizacional em gestores de empresa estatal*. Dissertação (Mestrado em Administração) – Universidade de Brasília, Brasília, 2001.
BARBOSA, S. C. *Efeitos do turno fixo sobre a saúde mental em operadores de petróleo*. Dissertação (Mestrado em Psicologia) – Universidade Federal do Rio Grande do Norte, Natal, 2001.
BECK, A. T. Thinking and depression: I. idiosyncratic content and cognitive distortions. *Archives of General Psychiatry*, v. 9, p. 324-333, 1963.
BECK, A. T. Thinking and depression: II. theory and therapy. *Archives of General Psychiatry*, v.10, p. 561-571, 1964.
BELLAROSA, C.; CHEN, P. Y. The effectiveness and practicality of occupational stress management interventions: a survey of subject matter expert opinions. *Journal of Occupational Health Psychology*, v. 2, n. 3, p. 247-262, 1997.
BELLAVIA, G.; FRONE, M. Work-family conflict. In: BARLING, J.; KELLOWAY, K.; FRONE, M. (Ed.). *Handbook of work stress*. Thousand Oaks, CA: Sage, 2005. p.143-162, 2005.
BENACH, J.; GIMENO, D; BENAVIDES, F. G. Types of employment and health in the European Union. *European Foundation for the Improvement of Living and Working Conditions*. Office for Official Publications in the European Community. Luxembourg, 2002.
BENEVIDES-PEREIRA, A. M. T. (Org.). *Burnout:* quando o trabalho ameaça o bem-estar do trabalhador. São Paulo: Casa do Psicólogo, 2002.
BLIESE, P. D.; HALVERSON, R. R. Individual and nomothetic models of job stress: An examination of work hours, cohesion, and well-being. *Journal of Applied Social Psychology*, v. 26, n. 13, p. 1171-1189, 1996.
BLIESE, P. D.; JEX, S. M. Incorporating multiple levels of analysis in to occupational stress research. *Work and Stress*, v. 13, n. 11, p. 1-6, 1999.

BOLINO, M.; TURNLEY, W. The personal costs of citizenship behavior: the relationship between individual iniciative and role overload, job stress, and work-family conflict. *Journal of Applied Psychology*, v. 90, n. 4, p. 740-748, 2005.
BOND, F. W.; BUNCE, D. Mediators of change in emotion-focused and problem-focused worksite stress management interventions. *Journal of Occupational Health Psychology*, v. 5, n.1, p.156-163, 2000.
BRADBURN, N. M. *The structure of psychological well-being*. New York: Aldine, 1969.
BRADBURN, N. M.; CAPLOVITZ, D. *Reports of happiness*. Chicago: Aldine, 1965.
BRETT, J.; STROCH, L. Working 61 plus hours a week: why do managers do it? *Journal of Applied Psychology*, v. 88, n. 11, p. 67-78, 2003.
BUENDÍA VIDAL, J. *Depresión*: análisis del impacto psicológico del desempleo. Murcia: J. Buendía, D.L., 1990.
BUUNK, B. P. et al. Psychosocial aspects of occupational stress. In: DRENTH, P. J.; THIERRY, H.; DE WOLFF, C. J. (Ed.). *The handbook of work and organizational psychology*. 2nd ed. Brighton: Psychology Press, 1998. v. 2, p.145-182.
BYOUNG-HOO, L.; FRENKEL, S. J. Divided workers: social relations between contract and regular workers in a Korean auto company. *Work, Employment and Society*, v. 18, n. 3, p. 507-530, 2004.
CALNAN, M.; WAINWRIGHT, D.; ALMOND, S. Job strain, effort-reward imbalance and mental distress: a study of occupations in general medical practice. *Work and Stress*, v. 14, n. 4, p. 297-311, 2000.
CARAYON, P.; SMITH, M. J.; HAIMS, M. C. Work organization, job stress, and work-related musculoskeletal disorders. *Human Factors*, v. 41, p. 644-663, 1999.
CARDOSO, L. A. *Influências dos fatores organizacionais no estresse de profissionais bombeiros*, 2004. Dissertação (Mestrado em Psicologia) – Universidade Federal de Santa Catarina, Florianópolis, 2004.
CARLOTTO, M. S. Síndrome de burnout em funcionários de instituições penitenciárias. In: BENEVIDES-PEREIRA, A. M. T. (Org). *Burnout*: quando o trabalho ameaça o bem estar do trabalhador. São Paulo: Casa do Psicólogo, 2002. p. 187-212.
CARLSON, D.; PERREWE, P. The role of social support in the stressor-strain relationship: an examination of work-family conflict. *Journal of Management*, v. 25, n. 4, p. 513-540, 1999.
CAULFIELD, N. et al. A review of occupational stress interventions in Australia. *International Journal of Stress Management*, v. 11, n. 2, p. 149-166, 2004.
CENTERS FOR DISEASE CONTROL AND PREVENTION. National Center for Chronic Disease Prevention and Health Promotion. Guidelines for School Health Programs: preventing tobacco use and addiction. Disponível em: <http://wwwn.cdc.gov>. Acesso em: 18 ago. 2008.
CHAMBEL, M. J. Porque a vida não é só trabalho: interferência do trabalho na família em Portugal e na Europa. In: TORRES, A. (Ed.). *Atitudes Sociais dos Portugueses*: a relação entre o trabalho e a família em Portugal e na Europa. Lisboa: Instituto de Ciências Sociais, Universidade de Lisboa, 2007. v. 7.
CHAMBEL, M. J. Trabalho: muito pouco ou nada?: tempo dedicado ao trabalho em Portugal e na Europa. In: FREIRE, J. (Ed.). *Atitudes Sociais dos Portugueses*: orientações perante o trabalho. Lisboa: Instituto de Ciências Sociais, Universidade de Lisboa, 2008. v. 8.

CHESNAIS, F. *A mundialização do capital*. São Paulo: Xamã, 1996.
CIFUENTES, M. Condiciones laborales psicosociales decentes: como pasar de lo valórico a lo operacional. *Revista Ciencia y Trabajo*, v. 6, n. 14, p. 162-173, oct./ dic. 2004.
CODO, W. et al. A síndrome do trabalho vazio em bancários. In: CODO, W.; SAMPAIO, J. J. C. (Org.). *Sofrimento psíquico nas organizações*: saúde mental e trabalho. Petrópolis: Vozes, 1995a.
CODO, W. et al. Paranóia e trabalho: os trabalhadores em um centro de processamento de dados. In: CODO, W.; SAMPAIO, J. J. C. (Org.). *Sofrimento psíquico nas organizações*: saúde mental e trabalho. Petrópolis: Vozes, 1995b.
CODO, W.; SORATTO, L.; VASQUES-MENEZES, I. Saúde mental e trabalho. In: ZANELLI, J. C.; BORGES-ANDRADE, J. E.; BASTOS, A. V. B. *Psicologia, organizações e trabalho no Brasil*. Porto Alegre: Artmed, 2004.
CONE, J. D. *Evaluating outcomes*: empirical tools for effective practice. Washington: American Psychological Association, 2002.
COOK, T. D.; SHADISH, W. R. Social experiments: some developments over the past fifteen years. *Annual Review of Psychology*, v. 45, p. 545-580, 1994.
COTTON, J. *Employee involvement*: methods for improving performance and work attitudes. London: Sage,1993.
De JONGE, J. et al. Comparing group and individual level assessments of job characteristics in testing the job demand-control model: a multilevel approach. *Human Relations*, v. 52, p. 95-122, 1999.
DEMEROUTI, E. et al. The job demands: resources model of burnout. *Journal of Applied Psychology*, v. 86, p. 499 - 512, 2001.
DEX, S.; BOND, S. Measuring work-life balance and its covariates. *Work, Employment and Society*, v. 19, n. 3, p. 627-637, 2005.
DUXBURY, L.; HIGGINS, C.; LEE, C. Work-family conflict: a comparison by gender, family type, and perceived control. *Journal of Family Issues*, v. 15, n. 3, p. 449-466, 1994.
EBY, L. et al. Work and family research in IO/OB: content analysis and review of the literature (1980-2002). *Journal of Vocational Behavior*, v. 66, n. 1, p. 124-197, 2005.
EQUAL OPPORTUNITIES COMMISSION. *Long hours culture is bad for Britain*. London: Equal Opportunities Commission, 2004.
EVERLY, G.; LATING, J. (Eds). *Psychotraumatology*: key papers and core concepts in post-traumatic stress. New York: Plenum Books, 1995.
EYSENCK, M. W.; CALVO, M. G. Anxiety and performance: the processing efficiency theory? *Cognition & emotion*, v. 6, n. 6, p. 409-434, 1992.
FAERSTEIN, E. et al. Estudo pró-saúde: características gerais e aspectos metodológicos. *Revista Brasileira de Epidemiologia*, v. 8, n. 4, p. 454-466, 2005.
FEREIRA, M. C.; ASSMAR, E. M. Fontes ambientais de estresse ocupacional e burnout: tendências tradicionais e recentes de investigação. In: TAMAYO, A. (Org.) *Estresse e cultura organizacional*. São Paulo: Casa do Psicólogo, 2008. p. 21-65.
FOLKMAN, S. et al. Appraisal, coping, health status, and psychological symptoms. *Journal of Personality and Social Psychology*, v. 50, n. 3, p. 571-579, 1986.
FOLKMAN, S.; LAZARUS, R. S. The relationship between copingand emotion: implications for theory and research. *Social Science and Medicine*, v. 26, n. 3, p. 309-317, 1988.

FRANÇA, A. C. L.; RODRIGUES, A. L. Stress e trabalho: guia básico com abordagem psicossomática. São Paulo: Atlas, 1999.
FRESE, M.; ZAPF, D. Methodological issues in the study of work stress: objective vs. subjective measurement of work stress and the question of longitudinal studies. In: COOPER, C. L.; PAYNE, R. (Ed.). Causes, coping and consequences of stress at work. Chichester: Wiley, 1988.
FRIED, M. Taking time: parental leave policy and corporate culture. Philadelphia: Temple University Press, 1998.
FRONE, M. Work-family balance. In: QUICK, J. C.; TETRICK, L. E. (Ed.). Handbook of occupational health psychology. Washington, DC: American Psychological Association, 2003. p. 143-162.
GARCÍA, I. M.; GARCÍA, I. A.; SÁEZ, M. C. La calidad de vida en el trabajo. In: GARCÍA, M.; VERA, J. J.; SÁEZ, M. C. (Ed.). Psicología, trabajo y organización. Barcelona: P. P.U, 1995.
GARROSA-HERNÁNDEZ, E. et al. Prevenção e intervenção na síndrome de burnout: como prevenir (ou remediar) o processo de burnout. In: BENEVIDES-PEREIRA, A. M. T. (Org.). Burnout: quando o trabalho ameaça o bem estar do trabalhador. São Paulo: Casa do Psicólogo, 2002. p. 227-271.
GASCÓN, S. et al. Estrés por desempleo y salud. Cuadernos de Medicina Psicosomatica, n. 66. p. 9-17, 2006.
GELLER, M. M.; PARSONS, C. K.E MICHELL, D. R. D. Additive effects and beyond: Occupational stressors and social buffers in a police organization. In: QUICK, J. C.; MURPHY L. R.; HURRELL Jr., J. J. (Eds.). Stress and well-being at work: assessments and interventions for occupational mental elath. Washington, DC: American Psychological Association, 1992. p. 33-47.
GIDDENS, A. As conseqüências da modernidade. São Paulo: UNESP, 1991.
GIGA, S. I. et al. The UK perspective: a review of research on organizational stress management interventions. Australian Psychologist, v. 38, p. 158-164, 2003.
GIGA, S. I.; COOPER, C. L.; FARAGHER, B. The development of a framework for a comprehensive approach to stress management interventions at work. International Journal of Stress Management, v.10, n. 4, p. 280-296, Nov. 2003.
GIL-MONTE, P. R. Processo de queimar-se no trabalho. In: Seminário Internacional de Stress e Burnout, 1., ago. 2002, Curitiba. Anais... Curitiba: Pontifícia Universidade Católica, 2002. p. 30-31.
GONZÁLEZ, P.; PEIRÓ, J. M.; BRAVO, M. La Calidad de vida laboral. In: PEIRÓ, J. M.; PRIETO, F. (Ed.). Tratado de Psicología del Trabajo. Madrid: Síntesis, 1996. Cap. 6, Tomo II, p. 161-186
GREENHAUS, J.; ALLEN, T.; SPECTOR, P. Health consequences of work-family conflict: the dark side of the work-family interface. In: PERREWE, P.L.; GANSTER, D.C. (Ed.). Research in occupational stress and well-being. Amsterdam: JAI Press: Elsevier, 2006. v. 5, p. 61-98.
GUTEK, B.; SEARLE, S.; KLEPA, L. Rational versus gender role explanations for work-family conflict. Journal of Applied Psychology, v. 76, p. 560-568, 1991.
GUTIÉRREZ, M. R. E.; CONTRERAS-IBAÑEZ, C.; ITO, S. Salud mental, estrés y trabajo en profesionales de la salud: SWS-Survey (Desarrollo y criterios de aplicación). México: Facultad de Psicología, Universidad Nacional Autónoma de México, 2003.

GUYTON, A. *Tratado de fisiologia médica*. Rio de Janeiro: Guanabara Koogan, 1992.

HAKANEN, J. J., BAKKER, A. B., DEMEROUTI, E. How dentists cope with their job demands and stay engaged: the moderating role of job resources. *European Journal of Oral Sciences*, v. 113, p. 479-487, 2005.

HAKANEN, J. J.; BAKKER, A. B.; SCHAUFELI, W. B. Burnout and work engagement among teachers. *Journal of School Psychology*, v. 43, n. 6, p. 495-513, jan. 2006.

HALL, R. Temporary agency work and HRM in Australia: cooperation, specialisation and satisfaction for the good of all. *Personnel Review*, v. 35, n. 2, p.158-174, 2006.

HAWE, P.; DEGELIN, D.; HALL, J. *Evaluating health promotion*: a health worker's guide. Sydney: MacLennan & Petty, 1990.

HEMINGWAY, M. A.; SMITH, C. S. Organizational climate and occupational stressors as predictors of withdrawal behaviours and injuries in nurses. *Journal of Occupational and Organizational Psychology*, v. 72, p. 285-299, 1999.

HITT, E. Lifestyle changes may prevent or reverse prostate cancer. *Medscape Today*, Chicago, 28 apr. 2003. Disponível em: <http://www.medscape.com/viewarticle/453159>. Acesso em: 3 jun. 2009.

HOCHSCHILD, A. R. *The time bind*: when work becomes home and home becomes work. New York: Metropolitan Books, 1997.

HYMAN, J.; MASON, B. *Managing employee involvement and participation*. London: Sage, 1995.

INTERNATIONAL LABOUR ORGANIZATION. *The hours we work*: new work schedules in policy and practice. Geneva: ILO, 1990.

IVANCEVICH, J. M. et al. Worksite stress management interventions. *American Psychologist*, v. 45, p. 252-261, 1990.

JACKSON, A.; POLANYI, M. Working conditions as a determinant of health. In: *Presentation prepared for The Social Determinant of Health Across the Life Span Conference*. Toronto, nov. 2002. Disponível em: <http://www.phac-aspc.gc.ca/ph-sp/oi-ar/pdf/05_working_e.pdf>. Acesso em: 3 jun. 2009.

JACOBS, J.; GERSON, K. Overworked individuals or overworked families? *Work and Occupations*, v. 28, p. 40-63, 2001.

JADRAQUE, M. *Cardiopatia isquémica*. Madrid: Norma, 2003.

JEX, S. M.; BLIESE, P. D. Efficacy beliefs as a moderator of the impact of work-related stressors: a multilevel study. *Journal of Applied Psychology*, v. 84, n. 3, p. 349-361, 1999.

JOHNSON, J. V.; HALL, E. M. Job strain, workplace social support, and cardiovascular disease: a cross-sectional study of a random sample of the Swedish working population. *American Journal of Public Health*, v. 78, n. 10, p. 1336-1342, 1988.

JUÁREZ-GARCÍA, A. Efectos Psicológicos del Trabajo: su concepción y hallazgos en algunos centros ocupacionales en México. *Revista de Salud Pública y Nutrición*, v. 9, n. 3, Jul.-Sept., 2008.

JUÁREZ-GARCÍA, A. *Factores psicosociales y personalidad en relación a la salud labora*. 2005. Tesis (Doctorado em Psicología) – Faculdad de Psicologia – UNAM, México, 2005.

JUÁREZ-GARCÍA, A.; RAMÍREZ, P. J. A (Ed.). *Estrés psicosocial del trabajo*: dónde y quienes estamos en México: compartiendo experiencias con investigadores de Estados Unidos de Norteamérica. México: FES Iztacala/UNAM, 2005.

KAHN, R. L.; BYOSIERE, P. Stress in organizations. In: DUNNETTE, M. D.; HOUGH, L. M. (Ed.). *Handbook of industrial and organizational psychology*. 2nd ed. Palo Alto, CA: Consulting Psychologist Press, 1991. v. 1, p. 571-650.
KARASEK, R. A.; THEORELL, T. *Healthy work stress, productivity and the reconstruction of working life*. New York: Free Press, 1990.
KIVIMAKI, M. et al. Factors underlying the effect of organisational downsizing on health of employees: longitudinal cohort study. *Britihs Medical Journal*, v. 320, n. 7240, p. 971-975, 2000.
KUROWSKI, C.; MORENO-JIMÉNEZ, B. A síndrome de burnout em funcionários de instituições penitenciárias. In: BENEVIDES-PEREIRA, A. M. T. (Org.). *Burnout*: quando o trabalho ameaça o bem-estar do trabalhador. São Paulo: Casa do Psicólogo, 2002.
LANDERS, R.; REBITZER, J.; TAYLOR, L. Rat race redux: adverse selection in the determination of work hours in law firms. *American Economic Review*, v. 86, n. 3, p. 329-348, 1996.
LANGLIEB, A.; KAHN, J. P. *Mental health and productivity in the workplace*: a handbook for organizations and clinicians. New York: Cornell, 2005.
LANSIALMI, H.; PEIRÓ, J. M.; KIVIMAKI, M. Collective stress and coping in the context of organisational culture. *European Journal of Work and Organizational Psychology*, v. 9, n. 4, p. 527-559, 2000.
LAWLER III, E. *The ultimate advantage*: creating the high-involvement organization. São Francisco: Jossey-Bass, 1992.
LAZARUS, R. S. *Psychological stress and the coping process*. New York: McGraw-Hill, 1966.
LAZARUS, R. S.; FOLKMAN, S. *Stress, apraisal and coping*. New York: Springer, 1984.
LAZARUS, R. S.; LAZARUS, B. N. *Passion and reason*: making sense of our emotions. New York: Oxford University Press, 1994.
LAZARUS, R.; FOLKMAN, S. *Estrés y procesos cognitivos*. Barcelona: Editorial Martinez Roca, 1986.
LEE, S.; McCANN, D.; MESSENGER, J. C. *Working time around the world*: trends in working hours, laws, and policies in a global comparative perspective. Londres, Genebra: Routledge, OIT, 2007.
LEIBOVICH DE FIGUEROA, N.; SCHUFER, M. Percepción de la inestabilidad laboral en una muestra de psicólogos, Orientación y Sociedad. *Revista Internacional Interdisciplinaria de Orientación Vocacional Ocupacional Universidad Nacional de la Plata Facultad de Humanidades y Ciencias de la Educación Departamento de Psicologia*, p. 49-66, v. 6, 2006.
LEWCHUK, W. et al. Beyond job strain: employment strain and health effects of precarious employment. Work in a global society. Working paper series, 2005-1. Ontário, CA: Labour Studies Programme, McMaster University, 2005.
LIPP, M. E. N (Org.). *Mecanismos neuropsicofisiológicos do stress*: teoria e aplicações clínicas. São Paulo: Casa do Psicólogo, 2003a.
LIPP, M. E. N. (Org.). *O stress do professor*. Campinas: Papirus, 2003b.
LIPP, M. E. N. (Org.). *O stress no Brasil*: pesquisas avançadas. Campinas: Papirus, 2004.
LIPP, M. E. N. (Org.). *Pesquisas sobre stress no Brasil*: saúde, ocupações e grupos de risco. Campinas: Papirus, 1996.
LIPP, M. E. N. (Org.). *Relaxamento para todos*: controle o seu stress. Campinas: Papirus, 1997.

LIPP, M. E. N. A dimensão emocional da qualidade de vida. In: OGATA, A.; MARCHI, R. (Orgs.) *Wellness*. São Paulo: Campus, 2008. p. 51-76.

LIPP, M. E. N. et al. *Como enfrentar o stress*. São Paulo: Icone, 1986.

LIPP, M. E. N. et al. Diferenças em nível de stress entre homens e mulheres na cidade de São Paulo. In: SIMPÓSIO SOBRE STRESS E SUAS IMPLICAÇÕES, 1., 1996, Campinas. *Anais*... Campinas: Pontifícia Universidade Católica de Campinas, 1996. p. 122.

LIPP, M. E. N. et al. O estresse em escolares. *Psicologia Escolar e Educacional*, São Paulo, v. 6, n. 1, p. 51-56, jun 2002c.

LIPP, M. E. N. *Manual do inventário de sintomas do stress para adultos*. São Paulo: Casa do Psicólogo, 2000.

LIPP, M. E. N. *O stress está dentro de você*. São Paulo: Contexto, 2000.

LIPP, M. E. N. Stress e suas implicações. *Estudos de Psicologia*, v. 1, n. 3-4, p. 5-19, 1984.

LIPP, M. E. N. Stress emocional: esboço da teoria de "temas de vida". In: LIPP, M. E. N, (Org.). *O stress no Brasil*: pesquisas avançadas. Campinas: Papirus, 2004. p. 17-28.

LIPP, M. E. N. Stress no trabalho: implicações para a pessoa e para a empresa. In: NUNES SOBRINHO, F. P.; NASSARALLA, I. (Org.) *Pedagogia institucional*: fatores humanos nas organizações. Rio de Janeiro: ZIT Editora, 2005. p. 214-236.

LIPP, M. E. N.; MALAGRIS, L. E. N. Manejo do estresse. In: RANGÉ, B. (Org.). *Psicoterapia comportamental e cognitiva*: pesquisa, prática, aplicações e problemas. Campinas: Ed. Psy II, 1995. p. 279-292.

LIPP, M. E. N.; MALAGRIS, L. E. N. O stress emocional e seu tratamento. In: RANGE, R. (Org.). *Psicoterapias cognitivo-comportamentais*: um diálogo com a psiquiatria. Porto Alegre: Artmed, 2001.

LIPP, M. E. N.; ROCHA, J. C. *Stress, hipertensão arterial e qualidade de vida*. Campinas: Papirus, 1996.

LIPP, M. E. N.; TANGANELLI, S. Stress e qualidade de vida em magistrados da Justiça do Trabalho: diferenças entre homens e mulheres. *Revista Psicologia Reflexão e Crítica*, v. 15, n. 3, p. 537-548, 2002.

LOIOLA, E. et al. Dimensões básicas de análise das organizações. In: ZANELLI, J. C.; BORGES-ANDRADE, J. E.; BASTOS, A. V. B. *Psicologia, organizações e trabalho no Brasil*. Porto Alegre: Artmed, 2004.

LUCINI, D. et al. Controle do estresse no local de trabalho: reversão do perfil de sintomas e da desregulação cardiovascular. *Hypertension*, v. 1, n. 2, p. 66-73, 2008.

LUCZAK, H. Good work design: an ergonomic, industrial engineering perspective. In: QUICK, J. C.; MURPHY, L. R.; HURREL, J. J. (Ed.). *Stress and well-being at work*. Washington: American Psychological Association, 1992.

MAJOR, V. S.; KLEIN, K.; EHRHART, M. Work time, work interferences with family, and psychological distress. *Journal of Applied Psychology*, v. 87, n. 3, p. 427-436, 2002.

MALHOTRA, Y. *An analogy to a Competitive Intelligence Program*: role of measurement in organizational research, 1993. Disponível em <http://www.brint.com/papers/comprint.htm>. Acesso em: 9 jun. 2009.

MARMOT, M.; WILKINSON, R. (Ed.). *Social determinants of health*. Oxford: Oxford University Press, 2003.

MASLACH, C.; LEITER, M. P. *The truth about burnout*: how organizations cause personal stress and what to do about it. San Francisco: Jossey Bass, 1997.

MASLACH, C.; LEITER, M. P. *Trabalho*: fonte de prazer ou desgaste? Guia para vencer o estresse na empresa. Campinas: Papirus,1999.
MASTERS, K. S.; LACAILLE, R. A.; SHEARER, D. S. The acute affective response of Type A behaviour pattern individuals to competitive and noncompetitive exercise. *Canadian Journal of Behavioral Science*, v. 35, n. 1, Jan 2003, p. 25-34. Disponível em:<http://74.125.47.132/search?q=cache:0I0_f1-duJcJ:findarticles.com/p/articles/mi_qa3717/is_200301/ai_n9178933/+The+acute+affective+response+of+Type+A+behaviour+pattern+individuals+to+competitive+and+noncompetitive+exercise&cd=1&hl=pt-BR&ct=clnk&gl=br>. Acesso em: 22 Jun. 2009.
McTIERNAN, A. Physical activity and the prevention of breast cancer. Medscape Women's Health, v. 5, n. 5, 2000. Disponível em: <http://www.medscape.com/viewarticle/408931>. Acesso em: 22 Jun. 2009.
MEICHENBAUM, D. *Clinical handbook for treatment individuals with anger-control problems and aggressive behaviors*. Clearwater, FL: Institute Press, 2001.
MEICHENBAUM, D. *Clinical handbook for treatment of adults with PTSD*. Clearwater, FL: Institute Press, 1994.
MEICHENBAUM, D. *Cognitive behavioral modification:* an integrative approach. New York: Plenum Press, 1977.
MEICHENBAUM, D. *Stress inoculation training for coping with stressors*. The Clinical Psychologist, v. 49, p. 4-7, 1996.
MENEGAZ, F. D. L. *Características da incidência de burnout em pediatras de uma organização hospitalar pública*, 2004. Dissertação (Mestrado em Psicologia) – Universidade Federal de Santa Catarina, Florianópolis, 2004.
MEYER, J.; ALLEN, N. J. *Commitment in the workplace*: theory, research and application. Thousand Oaks, CA: Sage, 1997.
MORTON, L. T. A medical bibliography (Garrison and Morton): an annotated checklist of texts illustrating the history of medicine. 4th ed. London: Gower, 1983.
MOURA, H. B. O.; BORGES, L. O.; ARGOLO, J. C. T. Saúde mental dos que lidam com a saúde: os indicadores de Goldberg. In: BORGES, L. O. (Org.). *Os profissionais de saúde e seu trabalho*. São Paulo, Casa do Psicólogo, 2005. p. 247-258.
MOW. International Research Team. *The meaning of working*. London: Academic Press, 1987.
MURPHY, L. R.; SAUTER, S. L. The USA perspective: current issues and trends in the anagement of work stress. *Australian Psychologist*, v. 38, n. 2, p. 151-157, 2003.
MURPHY, R. L. Stress management in work settings: a critical review of the health effects. *Stress Management*, v. 11, p. 112-135, 1996.
NIELSON, T.; CARLSON, D.; LANKAU, M. The supportive mentor as a means of reducing work-family conflict. *Journal of Vocational Behavior*, v. 59, n. 3, p. 364-381, 2001.
NORIEGA, M. et al. *Evaluación y seguimiento de la salud de los trabajadores*. México: Universidad Autónoma Metropolitana, 2001. (Serie Acadêmicos, n. 34, Ciencias Biológicas y de la Salud).
OFICINA INTERNACIONAL DEL TRABAJO. *Trabajo decente*. Memoria del Director General a la Conferencia Internacional del Trabajo, 87ª reunión. Oficina Internacional del Trabajo. Ginebra, 1999. Disponível em:<http://www.ilo.org/public/spanish/standards/relm/ilc/ilc87/rep-i.htm>. Acesso em 9 jun. 2009.

ORGANIZACIÓN MUNDIAL DE LA SALUD. Sensibilizando sobre el estrés laboral en países en desarrollo. V Series. Francia: OMS, 2007.
ORGANIZAÇÃO MUNDIAL DE SAÚDE. Conferência Global de Promoção da Saúde, 6. Carta de Bangkok, 2005. Disponível em: <http://www.who.int/healthpromotion/conferences/6gchp/hpr_050829_%20BCHP.pdf> Acesso em: 26 maio 2009.
ORGANISATION FOR ECONOMIC CO-OPERATION AND DEVELOPMENT. *Employment outlook*. Paris: Organization for Economic Cooperation and Development, 1992.
PÁEZ, D. *Factores psicosociales y salud mental*. Madrid: Editorial Fundamentos, 1986.
PÁEZ, D.; ECHEBARRÍA, A. *Emociones*: perspectivas psicosociales. Madrid: Editorial Fundamentos, 1989.
PARASURAMAN, S.; SIMMERS, C. Type of employment, work-family conflict and well-being: a comparative study. *Journal of Organizational Behavior*, v. 22, p. 551-568, 2001.
PARKER, S. K. et al. Effect of temporary contracts on perceived work characteristics and job strain: a longitudinal study. *Personnel Psychology*, v. 55, p. 689-717, 2002.
PASQUALI, L. Instrumentação no estudo das organizações: a utilização de escalas psicométricas. In: TAMAYO, A.; BORGES-ANDRADE, J. E.; CODO, W. (Orgs.), *Trabalho, organizações e cultura*. São Paulo: Cooperativa de Autores Associados, 1996. p. 75-81.
PEIRÓ, J. M.; PRIETO, F.(Ed.). *Tratado de psicología del trabajo*. Madrid: Editorial Síntesis, 1996.
PEIRÓ, J. M.; RAMOS, J.; GONZÁLEZ-ROMA, V. Intervención organizacional para el control del estrés laboral. In: PEIRÓ, J. M.; RAMOS, J. (Ed.). *Intervención psicosocial en las organizaciones*. Barcelona: PPU, 1994.
PEPPER, L. et al. Downsizing and health at the United States Department of Energy. *American Journal of Industrial Medicine*, v. 44, n. 5, p. 481-491, 2003.
PFEFFER, J. *Competitive advantage through people*: unleashing the power of the work force. Boston, Massachusetts: Harvard Business School Press, 1994.
PINHEIRO, F. A.; TRÓCCOLI, B. T.; PAZ, M. G. T. Aspectos psicossociais dos distúrbios osteomusculares. In: MENDES, A. M.; BORGES, L. O.; FERREIRA, M. C. (Org.). *Trabalho em transição, saúde em risco*. Brasília: Editora da UnB, 2002. p. 65-85.
PINTO, A. M. *Burnout profissional em professores portugueses*: representações sociais, incidência e preditores, 2001. Dissertação (Doutorado em Psicologia) – Universidade de Lisboa, Lisboa, 2001.
PITTA, A. *Hospital*: dor e morte como ofício. São Paulo: Hucitec, 1991.
POLLOCK, M. L.; WILMORE, J. H. *Exercício na saúde e na doença*: avaliação e prescrição para prevenção e reabilitação. 2. ed. Rio de Janeiro: Medsi, 1993.
POSAVAC, E. J.; CAREY, R. G. *Program evaluation*: methods and case studies. New Jersey: Prentice Hall, 1997.
QUICK, J. C. et al. The value of work, the risk of distress and the power of prevention. In: QUICK, J. C.; MURPHY L. R.; HURRELL, J. J. (Ed.). *Stress and well-being at work*. Washington: American Psychological Association, 1992.
QUINLAN, M.; MAYHEW, C.; BOHLE, P. The global expansion of precarious employment, work disorganization and consequences for occupational health: placing the debate in a comparative historical context. *International Journal of Health Services*, v. 31, n. 3, p. 507-536, 2001.
REY, P.; BOUSQUET, A. Compensation for occupational injuries and diseases: its effect upon prevention at the workplace. *Ergonomics*, v. 38, n. 3, p. 475-486, 1995.

RICHARDSON, K. M.; ROTHSTEIN, H. R. Effects of occupational stress management intervention programs: a meta-analysis. *Journal of Occupational Health Psychology*, v. 13, n. 1, p. 69-93, 2008.
RODRÍGUEZ, M.; OYUELOS, N.; SILVA, O. *Estudio empírico del significado del trabajo y de la calidad de vida laboral*. 2001. Tesis (grado de licenciado en Psicología) – Escuela de Psicología, Facultad de Ciencias Humanas, Universidad Diego Portales, 2001.
RODRÍGUEZ, M.; OYUELOS, N.; SILVA, O. Estúdio empírico del significado del trabajo y de la calidad de vida laboral. 2001. Tesis (Licenciatura en Psicologia) – Facultad de Ciencias Humanas, Santiago, Universidad Diego Portales, 2001
ROUSSEAU, D. *Psychological contracts in organizations*: understanding written and unwritten aggrements. London: Sage, 1995.
SALANOVA, M. Un estudio del significado del trabajo en jóvenes de primer empleo. 1992. Tesis (Doctorado en Psicología) – Universidad de Valencia, 1992.
SALANOVA, M. et al. Desde el burnout al engagement, ¿una nueva perspectiva?. *Revista de Psicología del Trabajo y de las Organizaciones*, v. 16, n. 2, p. 117-134, 2000.
SALONIEMI, A.; VIRTANEN, P.; VAHTERA, J. The work environment in fixed-term jobs: Are poor psychosocial conditions inevitable? *Work, Employment & Society*, v. 18, n. 1, p. 193-208, 2004.
SALOVEY, P. et al. Emotional states and physical health. *American Psychologist*, v. 55, n. 1, p. 110 - 121, 2000.
SCHAUFELI, B. W.; BUUNK, P. B. Burnout: an overview of 25 years of research and theorizing. In: SCHABRACQ, M. J.; WINNUSBST, J. A. M.; COOPER, C. L. (Ed.). *The handbook of work and health psychology*. New York: John Wiley & Sons, 2003.
SCHAUFELI, W. B. et al. Burnout and engagement in university students: a cross-national Study. *Journal of Cross-Cultural Psychology*, v. 33, n. 5, p. 464-481, 2002.
SCHAUFELI, W. B. et al. Maslach Burnout Inventory: general survey. In: MASLACH, C.; JACKSON, S. E.; LEITER, M. P. *The Maslach Burnout Inventory-Test Manual*. 3rd. ed. Palo Alto, CA: Consulting Psychologists Press, 1996.
SCHAUFELI, W. B.; BAKKER, A. Job demands, job resources, and their relationship with burnout and engagement: a multi-sample study. *Journal of Organizational Behavior*, v. 25, n. 3, p. 293-315, 2004.
SCHEIN, E. H. *Guia de sobrevivência da cultura corporativa*. Rio de Janeiro: José Olympio, 2001.
SCHILLINGS, A. *Processo de estresse em mestrandos*, 2005. Dissertação (Mestrado em Psicologia) – Universidade Federal de Santa Catarina, Florianópolis, 2005.
SCHOENFELDT, L. F. Psychometric properties of organizational research instruments. In: BATEMAN, T. S.; FERRIS, G. R. (Org.). *Method and analysis in organizational research*. Reston: Prentice-Hall, 1984. p. 68-80.
SELIGMAN, M. E. P. *Helplessness*: on depression, development, and death. San Francisco: W.H. Freeman, 1975.
SELIGMAN, M. E. P. *Learned optimism*. New York: Knopf, 1990.
SELIGMAN, M. Eudaemonia, the good life. *Edge*: the third culture. Disponível em: http://www.edge.org/3rd_culture/seligman04/seligman_index.html. Acesso em: 22 jun. 2009.
SELYE, H. A Syndrome produced by diverse nervous agents. *Nature*, v. 148, p. 22, 1936.

SELYE, H. Diseases of adaptation. *Wisconsin Medical Journal*, n. 49, v. 6, p. 515-516, 1950.
SELYE, H. *The stress of life*. Nova York: McGraw-Hill, 1956.
SHAW, B. F.; SEGAL, Z. V. Efficacy, indications, and mechanisms of action of cognitive therapy of depression. In: JANOWSKY, D. S. (Ed.). *Psychotherapy*: indications and outcomes. Washington: American Psychiatric Press, 1999. p. 173-195.
SHINOHARA, H. O. Conceituação da terapia cognitivo-comportamental. In: BANACO, R. A. (Org.). *Sobre comportamento e cognição*: aspectos teóricos, metodológicos e de formação em análise do comportamento e terapia cognitiva, São Paulo: Editora Arbytes, 1997. v. 3. p. 1-5.
SIEGRIST, J. A theory of occupational stress. In: DUNHAM, J. (Org.). *Stress in the workplace*: past, present and future. London: Whurr Publishers, 2001. p. 52-66.
SILVA, N.; ZANELLI, J. C. Cultura organizacional. In: ZANELLI, J. C.; BORGES-ANDRADE, J. E.; BASTOS, A. V. B. (Org.). *Psicologia, organizações e trabalho no Brasil*. Porto Alegre: Artmed, 2004.
SILVA, V. F.; ARGOLO, J. C. T.; BORGES, L. O. Exaustão emocional nos profissionais de saúde da rede hospitalar pública de Natal. In: BORGES, L. O. (Org.). *Os profissionais de saúde e seu trabalho*. São Paulo: Casa do Psicólogo, 2005.
SKINNER, B. F. *Science and human behavior*. New York: Macmillan, 1953.
SOLAR, O.; VEGA, J. Las condiciones laborales y su influencia en la salud de los trabajadores. In: INICIATIVA CHILENA DE EQUIDAD EN SALUD. Determinantes Sociales de la Salud en Chile, 2005. Disponível em: http://www.equidadchile.cl/documentos/libro2005/5_trabajo_A.pdf. Acesso em: 20 nov. 2005.
SPIELBERGER, C. D. et al. The experience and expression of anger: construction and validation of an anger expression scale. In: CHESNEY M.A., ROSENMAN R.H. (Ed.). Anger and hostility in cardiovascular and behavioral disorders. New York: Hemisphere, 1985. p. 5-3.
SPIELBERGER, C. D.; SARASON, I. G. *Stress and emotion*. New York: Hemisphere Publishing Corporation, 1991. v. 14, p. 265-279.
SPURGEON, A.; COOPER, C. L. "Working time, health and performance". In: COOPER, C. L.; Robertson, I. T. (Ed.). *International review of industrial and organizational psychology*. Chichester: John Wiley & Sons, 2000. v. 15, p. 189-222.
STOKOLS, D. Establishing and maintaining health environments: toward a social ecology of health promotion. *American Psychologist*, v. 47, p. 6-22, 1992.
TAMAYO, A. Valores organizacionais. In: TAMAYO, A. (Org.). *Estresse e cultura organizacional*. São Paulo: Casa do Psicólogo, 2008. p. 333-379.
TAMAYO, M. B.; ARGOLO, J. C. T.; BORGES, L. O. Burnout em profissionais de saúde: um estudo com trabalhadores do município de Natal. In: BORGES, L. O. (Org.). *Os profissionais de saúde e seu trabalho*. São Paulo: Casa do Psicólogo, 2005.
THEORELL, T. How to deal with stress in organizations? A health perspective on theory and practice. *Scandinavian Journal of Work Environment Health*, v. 25, n. 6, p. 616-624, 1999.
THEORELL, T. Possible mechanisms behind the relationship between the demand–control–support model and disorders of the locomotor system. In: MOON, S. D.; SAUTER, S. L. (Eds.). *Beyond biomechanics: psychosocial aspects of musculoskeletal disorders in office work*. London: Taylor & Francis, 1996.

THIOLLENT, M. *Metodologia da pesquisa-ação*. São Paulo: Cortez, 1994.
TOURINHO, E. Z. Relações comportamentais como objeto da psicologia: algumas implicações. *Interação em Psicologia*, v. 10, n. 1, p. 1-8, 2006.
TRUCCO, M. El estrés y la salud mental en el trabajo. Documento de Trabajo de la Asociación Chilena de Seguridad. *Ciencia y Trabajo*, v. 6, n.14, p. 185-188, out./ dez. 2004.
URURAHY, G.; ALBERT, E. *Como tornar-se um bom estressado*. Rio de Janeiro: Salamandra, 1997.
VAN DER DOEF, M.; MAES, S. The job-demand-control (-support) model and psychological well-being: a review of 20 years of empirical research. *Work and Stress*, v. 13, n. 2, p. 87-114, 1999.
VAN DER HEK, H.; PLOMP, H. N. Occupational stress management programmes: a practical overview of published effect studies. *Occupational Medicine*, v. 47, n. 3, p. 133-141, 1997.
VAN YPEREN, N. W.; SNIJDERS, T. A. B. A multilevel analysis of the demands-control model: is stress at work determined by factors at the group level or the individual level?. *Journal of Occupational Health Psychology*, v. 5, n. 1, p. 182-190, Jan. 2000.
VERA, A. *Estrés laboral y enfermedades cardiovasculares*: desafíos conceptuales y metodológicos desde la epidemiología ocupacional en Chile, 2005. No prelo.
VERA, A. et al. Burnout, inteligencia emocional y factores de riesgos psicosociales laborales en fiscalizadores de una repartición pública del Estado de Chile. *Ciencia y Trabajo*; v. 9, n. 24, p.51-54, abr./ jun. 2007.
VERA, A.; MACHUCA. P. Cultura organizacional, estilos de dirección, trabajo en equipo, contenido del puesto de trabajo, satisfacción laboral y factores psicosociales: un estudio empírico de la calidad de vida laboral en una empresa financiera. 2001. Dissertação (Mestrado en Administración) – Facultad de Ciencias Administrativas, Universidad Diego Portales, Santiago do Chile, 2001.
VERA, A.; SEPÚLVEDA, R.; CONTRERAS, G. Auto-reporte de síntomas físicos y correlatos psicosociales en trabajadores de la minería. *Ciencia y Trabajo*, v. 8, n. 20, p. 74-78, abr./dez. 2006.
VERA, A.; WOOD, P. Un modelo explicativo de la salud mental basado en categorías psicosociales: descripción teórica de sus componentes, validación de una batería de instrumentos para evaluar factores psicosociales y prueba empírica del modelo. 1994. Monografia (Licenciatura em Psicología) – Universidad Diego Portales, Santiago do Chile, 1994.
VOLICH, R. M. *Psicossomática*: de Hipócrates à psicanálise. São Paulo: Casa do Psicólogo, 2000.
WAGNER III, J. A.; HOLLENBECK, J. A. *Comportamento organizacional*: criando vantagem competitiva. São Paulo: Saraiva, 1999.
WEINECK, B. *Biologia do esporte*. São Paulo: Manole, 1991.
WORLD HEALTH ORGANIZATION QUALITY OF LIFE GROUP. Development of the WHOQOL: rationale and current status. *International Journal of Mental Health*, v. 23, n. 3, p. 24-56, 1994.
XANTOPOULOU, D. et al. *Different combinations of job demands and resources predict burnout*. [S.l.: s.n.], 2006. No prelo.
YUNES, M. A. M. Psicologia positiva e resiliência: o foco no indivíduo e na família. *Psicologia em estudo*. Contato, Maringá, v. 8, p. 75-84, 2003.

ZACARÉS-GONZÁLEZ, J. J.; LLINARES INSA, L. Experiencias positivas, identidad personal y significado del trabajo como elementos de optimización del desarrollo de los jóvenes. Lecciones aprendidas para los futuros Programas de Cualificación Profesional Inicial. *Revista de Educación*, Espanha, n. 341, p. 123-147, 2006.

ZANELLI, J. C. Ações estratégicas na gestão da Universidade Federal de Santa Catarina: reações dos participantes. *Psicologia e Sociedade*, v. 1, n. 2, p. 151-174, 1998.

ZANELLI, J. C. *O psicólogo nas organizações de trabalho*. Porto Alegre: Artmed, 2002.

ZANELLI, J. C.; BASTOS, A. V. B. Inserção profissional do psicólogo em organizações e no trabalho. In: ZANELLI, J. C.; BORGES-ANDRADE, J. E.; BASTOS, A. V. B. *Psicologia, organizações e trabalho no Brasil*. Porto Alegre: Artmed, 2004.

ZANELLI, J. C.; SILVA, N. *Interação humana e gestão*: a construção psicossocial das organizações de trabalho. São Paulo: Casa do Psicólogo, 2008a.

ZANELLI, J. C.; SILVA, N. Interações humanas, significados compartilhados e aprendizagem organizacional. In: LANER, A. S.; CRUZ JÚNIOR, J. B. (Org.). *Indivíduo, organizações e sociedade*. Ijuí: Editora Unijuí, 2008b.

ZANELLI, J. C.; SILVA, N. Pressupostos culturais e aprendizagem em uma empresa catarinense de transportes urbanos. *Psicologia Argumento*, v. 21, n. 21, p. 67-80, 1997.

Índice

Abordagem epidemiológica, 47
Absenteísmo, 15, 98, 99
Abuso
   de álcool, 38
   de tabaco, 38
Acidentes de carro, 32
Active Jobs, 63
Afeto, 55
Agentes estressantes, 27
Agressão, 76
Alerta, 62
Alimentação, 33
Ambiente(s)
   de trabalho, 27
   estressor, 41
   físico, 27
   interno, 81
Ansiedade, 15, 31, 38, 61, 76
Antecedentes, 79-80
Aspectos do ambiente de trabalho, 36
Atendimentos individuais, 104
Atividade(s)
   de conscientização, 94
   física, 33
   informais de trabalho, 24
Aumento da resistência pessoal, 90
Autocobrança, 28
Autocontrole, 43
Autoeficácia, 57, 59, 61, 72, 85
Autoestima, 26
AVC, 32

Balanceamento *ver* Equilíbrio entre a vida e o trabalho
Bem-estar, 45, 62, 64, 74, 77, 82
   físico, 30
   psicológico, 30
   social, 30
Burnout, 33, 35, 57, 59, 64

Câncer, 32
Cidadania, 67
Cinismo, 67
Cirrose, 32
Clima organizacional, 68
Coletividade, 26, 36, 99, 104
Comitê de controle de estresse, 51
Competências, 63, 65
Competências interpessoais, 40
Comportamentos hostis, 77
Comprometimento, 21
Condições de trabalho, 22, 27
Conflitos, 25
Conflitos interpessoais, 36
Consequências do estresse, 52, 53-56, 89, 96
Contatos sociais positivos, 25
Contexto
   de perda, 67
   organizacional, 84
Controle, 81
   da raiva, 72
   do tempo, 92

Coping, 48
Crescimento profissional, 22
Cultura da organização, 82

Dependência de substâncias, 38
Depressão, 31, 38, 63, 76, 77
Desgaste, 62-63
  emocional, 23, 31, 35
  físico, 22, 35
Diabetes, 31, 32
Diagnóstico, 80, 81, 93
Dificuldade de relacionamento com chefes, 79
Distresse, 97, 98
Divórcio, 76
Doença(s), 31, 86
laboral, 34
  coronarianas, 33, 76
  do aparelho disgestivo, 76
Downsizing ver Reduções organizacionais
Duplicidade de funções, 79

Eficácia coletiva, 84, 85
Enfermidade profissional, 33-34
Engagement, 57, 59, 65, 67, 108
Entusiasmo, 57, 98
Epidemia
  dos anos oitenta, 28
  global, 28
Equilíbrio entre a vida e o trabalho, 27
Ergonomia, 74
Esforço
  físico, 65
  psicológico, 65
Estabilidade, 25
Estilo de vida, 31-45
Estímulos, 54
Estresse
  laboral, 27
  patológico, 54
Estressores, 64, 87
Estudo do estresse, 47
Eutress, 97, 98
Exaustão, 62, 64-66
Excesso de trabalho, 37, 38, 39, 63, 66, 85

Excitabilidade orgânica, 77
Exigências, 85, 86, 91
  emocionais, 65
  familiares, 37-38
Expectativas do trabalhador, 24

Fadiga, 36, 57
Falta de treinamento adequado, 79
Fatores ambientais externos, 57
Fatores que provocam estresse, 58
Feedback, 66
Felicidade, 36
Fontes de estresse, 79
Força laboral, 23
Frustração, 25, 77
Fusões, 26

Gestores, 93, 100
Gripe, 32

High-strain Jobs, 63
Hipertensão arterial, 31
Homeostase, 62, 63
Homicídio, 31
Horas de trabalho, 39, 84
Hostilidade, 76

Ideia de trabalho, 24
Incapacidade laboral, 30
Indiferença, 36
Ineficiência, 25
Injustiça organizacional, 37
Insegurança, 27
Insegurança com respeito ao emprego, 22
Interação social, 43
Intervenção, 81, 87, 90-95, 101
  dirigida, 49-50
  em grupos, 50
  no ambiente de trabalho, 47-51
  primária, 48
  secundária, 48
  terciária, 48
  tipos, 48
Irritabilidade, 76

Job Content Questionnaire, 75
Job Demand Resources, 103
Job Strain, 75
Job Strain model, 75
Justiça organizacional, 37

Mal-estar, 44, 66-67
Manejo da raiva, 93
Manifestações fisiológicas, 47
Meditação, 93
Merging ver Fusões
Modelo(s)
  biomédico, 31
  das exigências-recursos do trabalho, 64
  de *outcome*, 31
  demanda-controle, 57, 59, 72
  teóricos, 103
Modo de vida moderno, 29
Morte, 32
Morte prematura, 31
Motivação, 64, 65-66

Neuroses profissionais incapacitantes, 34
Níveis
  de estresse, 28
  de satisfação, 38

Obesidade, 31, 76
Oportunidade
  de crescimento, 25
  de aprendizagem, 25
Outsoursing ver Terceirização de serviços

Pensamento pré-raiva, 77
Perda da autoestima, 77
Perda de emprego, 76
Pesquisas, 57-69
Plano de carreira, 49
Pneumonia, 32
Políticas organizacionais, 38
Prazer, 25, 36
Pressão, 25, 63, 65
  no ambiente de trabalho, 42
  psicológica, 38

Pressupostos, 54
Prevenção, 74, 76
  doenças, 31-45
  do estresse, 74
Problemas
  cardiovasculares, 63
  de relacionamento interpessoal, 76
Procedimentos, 91-95
Processo
  de intervenção, 50
  de saúde-doença, 31, 56
Produção do estresse, 68
Produtividade, 34,35, 36
Profissionais da área de saúde, 43
Psicodinâmica do trabalho, 47
Psicologia
  positiva, 75
  sociocognitiva, 45
Psicopatologia do trabalho, 74
Psoríase, 73

Qualidade de vida, 21-30, 31, 36, 42-45
Quase-exaustão, 62

Raiva, 36, 76
Rearranjo na organização do trabalho, 92
Recompensas, 29
Reconhecimento, 25
Recursos
  escassos, 90
  no trabalho, 65
Reduções organizacionais, 26
Reestruturação cognitiva, 93, 100
Relação socioafetiva com colaboradores, 30
Relações
  gratificantes, 36
  interpessoais no trabalho, 23, 55
  Relaxamento mental, 100, 101
Relaxamento, 93
Remuneração, 24, 28
Resistência, 62
Risco de desemprego, 87
Ritmo de trabalho, 27

Salário, 25
Salário insuficiente, 27
Satisfação, 22, 37, 85, 86, 99
Saúde, 82
Segurança no local de trabalho, 51
Seminário sobre estresse, 51
Sentimento de fracasso, 77
Serviço de saúde ocupacional, 30
Sindicato, 50
Síndrome de quemarse por el trabajo, 33
Sintomas, 44, 49
  psicológicos, 29
  psicossomáticos, 63
  somáticos, 27-28
Sistema de saúde ocupacional, 27
Sobrecarga
  de trabalho, 27, 80
  na família, 27
Subemprego, 24
Suicídio, 32

Tabagismo, 31
Teoria(s), 53-69
  da conservação dos recursos, 66
  dos recursos de Hopfoll, 67

Terceirização de serviços, 26
Trabalho
  alienante, 25
  com significado, 25
  expropriador, 25
  malremunerado, 30
  passivo, 76
  precário, 30
  produtivo, 27
  satisfatório, 25
Transtorno mental, 44
Treino
  cognitivo da raiva, 73, 76
  em assertividade, 93
  psicológico de controle do estresse, 73
Turno, 27

Uso da tecnologia, 51
Utilização extensiva de medicamentos, 38

Valores, 26
Valores organizacionais, 41
Vida familiar, 42
Violência na família, 76